中国因他们而改变

张宏达传

李剑　张晓红◎著

中国科学技术出版社

·北　京·

图书在版编目（CIP）数据

张宏达传 / 李剑，张晓红著 . -- 北京：中国科学技术出版社，2025.4. --（中国因他们而改变）. -- ISBN 978-7-5236-1371-9

Ⅰ. K826.15

中国国家版本馆 CIP 数据核字第 2025E0X861 号

总 策 划	秦德继　宁方刚
策划编辑	周少敏　徐世新
责任编辑	何红哲
装帧设计	中文天地
责任校对	焦　宁
责任印制	徐　飞

出　　版	中国科学技术出版社
发　　行	中国科学技术出版社有限公司
地　　址	北京市海淀区中关村南大街 16 号
邮　　编	100081
发行电话	010-62173865
传　　真	010-62173081
网　　址	http://www.cspbooks.com.cn

开　　本	787mm×1092mm　1/32
字　　数	110 千字
印　　张	6.75
版　　次	2025 年 4 月第 1 版
印　　次	2025 年 4 月第 1 次印刷
印　　刷	河北鑫兆源印刷有限公司
书　　号	ISBN 978-7-5236-1371-9 / K·472
定　　价	58.00 元

张 宏 达 传

1936年12月，中山大学生物学会联欢大会全体会员合影（第二排左七为张宏达）

20 世纪 50 年代，张宏达与同事在华南植物研究所旧址合影（后排右一为张宏达）

澂江植物之研究
THE REPORT OF THE FLORA OF CHENGKIANG

張宏達

引　言

余侭曩在廣州時，對于兩廣及湖南中部植物之採集頗為詳盡，如廣東之北江猺山清遠羅浮山鼎湖山海南島廣西之猺山大朋山湖南之衡嶽山南綾山，中有一溥些等有意峰東成立東南斜約80華里，湖南

地質——澂江為一廣大侵蝕盆地四圍石灰岩甚為普遍，據地質學者之研究历庫下二叠石灰紀之石灰岩，亦見地中晨紙之岩石地鐵卷之地殼尚有泥盆紀之白雲石灰岩硃岩砂岩及頁岩石炭紀之頁岩砂岩構造，頗為複襍，石灰岩極易風化古觸目皆為紅土；因其雜，以砂岩甚風化後游戲之砂質土壤，故甚宜于植物之生長，均吾人環境急起一過所見植物茂盛之地即紅土亦極普遍，兩甚地

1962 年，张宏达与儿子张志、张鲁合影

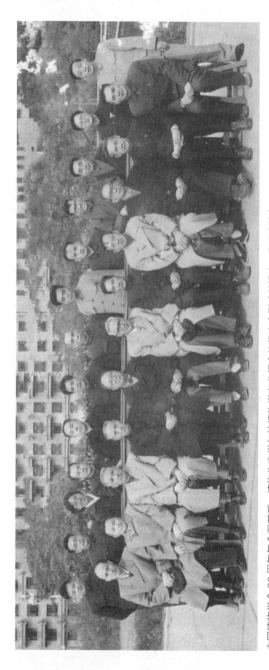

中国植物学会 30 周年年会召开后，植物生态学与地植物学专业组全体代表合影（前排右一为张宏达）

张宏达（左一）考察黑石顶

1980 年，赴英考察团与英国同行合影（左一为张宏达）

1982 年，张宏达（左三）在香港大雾山调查植被

张宏达在野外考察

1984 年知用中学 60 周年校庆，张宏达（左三）与同学合影

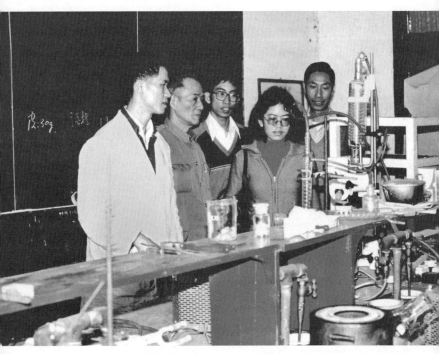

张宏达（左二）在实验室指导学生

晚年的张宏达夫妇

2008 年，张宏达（中间挥锹者）参加植树活动

目录

离离山上苗

  1914 年 10 月 10 日（农历八月二十一日），张宏达在广东揭西出生。他填写在履历表中的籍贯是"揭西河婆后埔上君子岭村"。河婆街道现为揭西县治所在，风景秀丽，"群山环拱，碧水泱泱"。后埔是河婆的一个行政村，依榕江南河支流横江溪而建，上君子岭村建制现已撤销。

  河婆以客家为主，张宏达也是客家人，祖上由福建迁入广东，到张宏达一代为第十五世。张氏叙及郡望，把清河张氏作为众望之首，所谓"天下张氏出清河，清河张氏满天下"，广东张氏客家则奉唐代名相张九龄（世称张曲江）为始祖。所以张宏达的族谱中记载："清河望族，名门世胄；曲江风范，源远流长。"

  河婆客家被称为半山客，因为他们一方面吸收了潮州文化，另一方面固守客家传统。"客归故里尤是客，家居四海斯为家"，客家人客居他乡，相对弱势，因此崇文重教，把读书作为发展手段，故客家人成才者众，著名的爱国华侨张武帮、革命教育家张海鳌、医学家张梦石等人都是张宏达的族亲。

  张宏达的父亲张少甫勤俭持家，善于经营，开设了制糖作坊，生产工业用的黄糖和白糖。潮汕平原盛产甘蔗，从明清起就成为中国主要的产糖区之一。汕头开埠后，揭西生产的糖经汕头销往各地，主要是上海。据张宏达回忆，故乡流传一句话："上海人买不完潮汕的蔗糖，潮汕人买不完上海的布匹。"张少甫就是往来于上海和汕头，做糖和布匹的贸易。

张少甫为人秉性刚直，处事公道，乐善好施，常为民众排忧解难，是很有名望的乡绅，被推举为张氏族长。客家人世代漂泊，辗转迁徙，形成了很强的宗亲意识，重视崇拜祖先，所谓"重本溯源，慎终追远"。张少甫家道逐渐兴旺后，兴建了张氏三世祖、七世祖和九世祖的祖祠。借修建九世祖肇贤公祠堂的机会，创办了逢源小学（约建于1922年），体现了崇文兴教的远见卓识。客家有种"公尝"文化，公尝是指祖先留下的各房共有的产业，又称"尝产"。学校建成后，张少甫为了长远发展，发动九世祖一脉各支从公尝中捐献常年办学经费，每年干谷450石，让族中子弟免费入读，以普及教育。张少甫被推举为名誉校长，其四子张访岑任首任校长。逢源小学在一次全县毕业会考中曾取得总成绩第一的佳绩，获揭阳县县长谢鹤年颁发的"成绩超群"银盾一枚；后来又在全县文艺展览比赛中名列前茅，谢鹤年亲临视察，盛赞有加，题词"成绩可嘉"。张宏达曾就读逢源小学，初中毕业后又曾在这所学校短期任教，

1938—1946年，张宏达曾任该校名誉校长。

张少甫曾倡办棉湖飞马义渡，还参与捐资兴建河婆大同医院，张宏达的四哥张访岑曾担任大同医院董事长。国民革命军东征时，廖仲恺、周恩来、蒋介石曾在大同医院驻足，周恩来还曾给医院题写过"造福军民"的匾额，现为揭西著名的人文景观。

因张少甫热心公益，造福桑梓，1930年，张少甫七十寿辰之际，时任揭阳县县长毛琦特赠"厚德载福"金匾一面，邑人则绣大寿幛一幅相赠，以示敬意。当时宾客如云，请了潮剧表演，连接宴客三天，盛况空前。张少甫逝于1934年，享年74岁，乡谥"纯笃张公"。

张少甫原配去世后，续娶张宏达的生母温包娘，时年温包娘40岁，张少甫52岁。温包娘为人宽厚，爱劳动，整天忙于家务，嫁入大家族做继室，面对复杂的人际关系，处事公道，能与子媳和睦相处。虽然是乡村土生土长的农妇，但和蔼恩慈，种种不言之教，使张宏达直到晚年还念念于心。温包娘逝世于1956年，享年84岁。

张少甫和原配育有5子3女，与温包娘育有张宏达和张汉杰兄弟。张宏达出生时，长兄已经30多岁，几个哥哥均已成婚，还有几个比张宏达还大的侄子。家人都住在一起，到父亲去世时才分家。分家时，家里有40多口人。

幼年张宏达很少感受到来自父兄的亲情。由于年龄与诸兄相去甚远，又是同父异母，张宏达和弟弟汉杰经常受到歧视，家人觉得他们是多余的。兄嫂们经常讽刺两兄弟是"跟屋分肥"，意思是他们的出生就是来分遗产的。每每与年龄相若的侄辈吵架，都要受到兄嫂的欺压和斥责，这给张宏达的心灵造成了伤痛，养成了他倔强、好胜的性格。

父亲忙于事业，又有大家长的作风，幼年的张宏达对父亲十分敬畏。在家里唯一能感受到的温暖，就是母亲对他的爱。然而，母亲嫁入大家族，给几个已经成年，甚至掌握家里实权的子媳做继母，自然没有什么地位，想要维持家庭的和谐，只能百般忍让。张宏达每次和其他兄弟姐妹发生冲突，母亲总是要向他们赔礼道歉，到晚上临睡觉，只有母子二人的时候，母亲会给他讲田氏三兄弟的故事，故事的大意是：田氏三兄弟不和，闹着分家，门前一株紫荆树突然枯死，三兄弟有所感悟，从而和好如初，紫荆树也复活了。母亲用这个故事来教导他要懂得兄弟友爱。母亲还会唱起"紫荆花下说三田，人合人离花亦然"的俚歌，哄他入睡。

母亲对张宏达两兄弟有很高的期望，希望他们能出人头地，不再让人瞧不起，总是教导他们好好读书、努力向上。好胜的张宏达也希望能在家里有更好的表现，从小他就跟着母亲，尽量多做力所能及的活，让母亲开心。在和别人发生争执后，张宏达总会感到愧疚，后悔自己做的事使母亲担忧和难堪。

张宏达的四哥张访岑是几个哥哥里唯一接受过正规教育的，读过梅县的教会学校。四哥也是对张宏达最好的哥哥，其他的哥哥一向歧视他，欺压他，只有四哥和他保持着兄友弟恭的关系。最重要的是四哥一直支持他求学。张宏达读小学时，四哥做校长，还在学校里任教，亲自管教他，非常重视他的学业。父亲去世时，张宏达正在广州读书，家里的田产由兄长们掌握，兄嫂们认为他读书花钱太多，都反对他继续升学。兄弟们提出分家，为争夺遗产纠缠不休。张宏达提出，只要让他继续读书，关于遗产的分配他不过问。这时，四哥伸出援手，把他和张宏达、张汉杰三兄弟分得的家产合在一起，四哥继续照顾两个弟弟，奉养继母温氏。张宏达读高中和大学所需的费用都是靠四哥教学的收入来供给。为了解决他的学费，有时还需向人借贷。直到1943年，张宏达已经工作几年，弟弟张汉杰也在学校做教员，可以独立了，三兄弟才再次分家，把从父亲那里继承的田产均分为三份。

张宏达最快乐的时光是儿时在乡间度过的日子。他天生是个好动的孩子，小时候特别爱游泳。横江溪水在村边流过，那时的河水是透明的，很干净，从小他就和哥哥们到河里去抓鱼，学会了游泳。哥哥们撑着竹排撒网，他就跳到水里潜水，用手捉鱼。

张宏达小时候喜欢看武侠小说，向往"路见不平，拔刀相助"的英雄气概，像每个小男孩一样，把真实的生活想象成武侠世界，喜欢和人打架。他说："我打架不是一般的，出名了，乡民都知道张某某这家伙就是能打架，就是好动。"他还喜欢和家里的长工到山上去放牛，有时也会下田，贫苦家小孩视为苦役的劳作，在他看来像是一种游戏。他还经常跑到家里的制糖作坊，拿起做糖的漏子当兵器玩。

张宏达6岁入读私塾，活泼的他不喜欢被约束，经常逃学，母亲总是好言好语地劝导，有时拿块花生糖哄他去上学。有一次孔子诞辰，先生给他们放了假，他跑到稻田边的水沟去抓鱼，结果被水蛇咬了一口，母亲赶快找到蛇药给他敷上，止了痛，还要瞒着父亲，免得受父亲的责骂。在私塾读了两年，逢源小学建好了，张宏达便转到逢源小学念三年级,四哥亲自教他数学等科目,在四哥的管教下,懂得了读书的重要,开始努力学习。

1927 年,因为家乡还没有初中,13 岁的张宏达小学毕业即面临失学。当时河婆工商业昌盛,小学教育得到较快发展,客家的主要村寨都办有私塾、完小,但毕竟环境闭塞,新式的中学教育还没有建立起来,年轻人想升学读书很困难,一般要到揭阳、汕头、梅县,甚至更远一点,从汕头搭船到厦门去读书。由于张宏达年纪太小,不能独自到外地读书,只能就读乡间的国文专修班。所谓国文专修班是乡下小学的语文老师办的,专门教授古文,张宏达一读就是 3 年,打下了比较扎实的古文基础。工作之余,张宏达喜欢写诗填词,和他接受这 3 年的传统文化教育有关。

1930 年,河婆中学建成,给有志求学的学子带来了希望。河婆中学的成立非常艰难,1926 年,当地 24 位热心教育的人士发出创办河婆中学的倡议书。同年夏,张海鳌、黄兆熊、张仰明等旅外学子返乡,为创建学校奔走,接着由当地乡绅发起,成立河婆中学筹备委员会,派人赴南洋募捐建校经费,同时倡议乡人捐款。1927 年,河婆中学建筑委员会成立,负责督办兴建校舍，历经两年多，建成教学楼和宿舍楼各一座。1930年春，河婆中学开始招生，招收初中一年级两个班及附小高年级两个班，共有学生98人。学校聘请的老师很多都是从中山大学前身——广东高等师范学校毕业的，师资力量雄厚，课程设置比较完备，有代数、英语等课程。从此，张宏达开始接受正规的初中教育。

可惜一年后河婆中学便遭遇劫难。1930年冬，为解决经费问题，校董会决定将河婆旧文庙改建为市场，以增加收入。这引起了新旧文化的矛盾，部分对新式教育制度不满的封建势力，借保护文庙之名，在1931年春节期间，雇用地痞流氓冲入河婆中学大肆洗劫，校舍受损严重，从此河婆中学教育中断，直到1935年才恢复。

1931年春天，新学期开学时，张宏达再次面临无书可读的局面，这时他已认定读书是唯一出路，经再三争取，家人决定送他去汕头读书。1931年2月，张宏达第一次坐船离开家乡，入读汕头大中中学初中二年级下学期。

汕头大中中学是由上海潮汕商会于1926年出资创办的私立学校，首任校长郭应清曾留学英国，是政治经济学硕士。学校原名高级中学，只设高中部，后因郭应清准备创办大学部并增设初中部，故把校名改为"大中"，即大学和中学之概称。张宏达入校时，学校环境优美，校舍建筑十分壮观，运动场地宽敞完善，还有藏书丰富的图书馆。郭应清不惜花重金从各地聘请思想进步的名师，并亲自讲授英文课，提倡学术自由，在教学上严格要求，对学习成绩优秀、体育运动成绩突出或经济困难的学生减免学费。大中中学是当时汕头比较好的学校，毕业生不乏后来在各方面成就突出者，传奇外交官柯华就是张宏达同届的校友。

张宏达记得当时的校长是英国回来的华侨，家境殷实，每周六都要给全体学生进行周报，发表演讲。学校聘请了许多高水平的老师，很多是复旦大学的毕业生，有一位姓陈的英文老师后来到中山大学文学院任教，与张宏达成了同事，但张宏达还是以老师相称。大学期间，张宏达交到的朋友不多，他经常与河婆老乡在一起，因为汕头人讲潮州话，和讲客家话的合不来。那时的汕头是一个非常开放的城市，街上很多店铺的招牌都有英文，走在路上就可以学英文。张宏达在这里学会了打篮球，从此就爱上了这项运动，而且打得特别好。他自称是"天生的运动员"，直到工作后，他一直没有放弃这项运动。

1931 年 9 月，张宏达升入初三上学期，九一八事变爆发，全国各地开展着轰轰烈烈的抗日救国运动。潮汕各界纷纷组建抗日组织，与日本经济断交，学生们都投入抗日救国的宣传中，张宏达也积极参与其中。汕头是粤东重镇，日本要利用这个通商口岸实施经济掠夺，因此常派军舰在汕头附近海域游弋示威，日本兵也经常上岸闹事。父亲担忧张宏达的人身安全，劝他回家，1932年春，张宏达再度辍学，没有读完初中。

回家后，张宏达暂时在逢源小学教书，但他仍未放弃读书的念头。然而，现实又面临着两方面难题：一方面，去汕头已经不可能；另一方面，兄嫂们因为经济原因反对他读书，嫂子们甚至常常当面对他说，因为他读书，家里猪油都少吃些。在汕头读书，一年的花费约为300大洋，对他的家庭来说也是不小的负担。张宏达回忆："念书要花很多钱，谁愿意供啊，那时谷子很便宜，念书要好几石谷子才能支付每个月的生活费，省吃俭用一年都要用300块钱，300块钱是七八十石谷子了，所以嫂子们会说：'你还念书啊，家里饭都吃不上了。'"张宏达说："我们念书都是要经过一番斗争才能实现。"

张家虽然家境殷实，但父亲张少甫并不支持子女读书。他是一个有着深厚封建意识的人，倡导传统教育，希望子女能够懂得修身齐家的道理，不赞成新式教育。做生意的人非常怕官，他常说"一世做官三世绝"，因此尤其反对张宏达学文科和法科，只同意他学医，认为学医将来可以不求人。家里只有四哥鼓励他升学，希望他能考入清华大学，将来可以去美国留学。由于四哥的支持和张宏达执着地争取，最后家里同意让他到广州读书。

河婆地处陆丰、五华、揭阳、普宁四县要冲，榕江从这里流过后经揭阳、汕头出海。揭西过去没有公路，交通运输主要靠榕江水路。揭西所需的商品百货、布匹、食盐从汕头、揭阳贩运至此发售；山区的柴炭、红糖、山药等从这里启运发往揭阳、汕头。外出求学、经商和去海外谋求生路的人，也是从这里乘船出发，告别家乡。

从河婆去广州要先到汕头，由海路到香港，再转乘火车到广州。张宏达说，当时的河婆人觉得广州是另一个世界，到广州读书是一件大事。那个年代，靠读书走出偏僻的家乡成为河婆青年的风尚。据统计，20世纪20—30年代，河婆半山客青年赴广州、上海读大学的有137人，赴日本留学的有11人，赴欧洲留学的有5人。中华人民共和国成立后，河婆人任过高等院校校长、院长的有20位之多，还涌现出了一大批著名学者。

1932 年夏，张宏达离家远游。横江溪畔高高地矗立着一座河婆古塔，清嘉庆年间为镇水患而建，是河婆的地标。每一位离乡的游子，在船已驶远时，回眸家乡，最后能看到的就是这座古塔，张宏达也不例外。那时在他心里，比起对家乡的依恋，更多的是对未来求学生涯的向往。那时的他，可能没有想到，这次离家之后，再回故乡的机会是如此之少，忙于学业，忙于生计，忙于事业，再后来，母亲去世了，家里的亲人越来越少，他再也没有回过家乡。弟弟会经常写信，告诉他家乡发生的每件事——去给父母扫墓了，今年的稻谷丰收了，家乡又做娘妈生（河婆张氏居民纪念妈祖的活动）了，以慰他的乡情。

多年之后，张宏达在一篇回忆母亲的文章中写道："我离开家乡到外地上学，母亲天天惦念着我，在抗战期间，我流离于大西南各地，母亲更是挂念不已，晚上总是坐在门口，盼望我能回来。母亲在 20 世纪 50 年代离开了我们。工作之余，我不时会回忆在童年时母亲的教诲和期望……"文章中，他对母亲的怀念也凝结了对家乡深沉的眷恋之情。

1932 年 7 月，张宏达和几位同乡一路辗转来到省城广州报考高中。起初，张宏达的目标是名校中山大学附中（创建于 1924 年，即华南名校广东实验中学和华南师范大学附属中学前身），但因初中只是断断续续读下来的，初三还差半年没有读完，基础差一些，没有被录取，最终考入广州市私立知用中学。

广州市私立知用中学由民间学术团体知用学社创办。1922 年，国立广东高等师范学校毕业班学生余心一、李钰、熊润桐等 12 人，以"先归纳以求知，复演绎以致用，求知致用双方并重"为宗旨，发起组织知用学社，强调为学术而学术，没有政治和党派色彩。后来陆续有北京大学、中山大学、北京师范大学和从美国、日本、法国学成回国的留学生加入，社友来自历史、文学、心理学、哲学、物理学、动物学、农学等各门学科。数学家胡金昌、土壤学家谢申、语言学家吴三立、哲学家王衍孔，都是知用学社的社友。

1924 年夏，为普及教育，弘扬科学，知用社友集资创办学校，向广东大学（中山大学前身）商借 3 个课室开办夏令馆（班），招学生 100 余人，以所得余款拨充知用中学开办费，租得纸行街 90 号为校舍。知用中学是广东省第一家试行壬戌学制，即六三三制的中学。此前中学旧制是修业 4 年，1922 年各省教育代表在广州开会，李应林提议采用六三三学制，即中学共 6 年，初中、高中各 3 年，在广州试办。知用中学首任校长是唐富言，成立第二年由张瑞权接任，并连任至 1956 年。张瑞权强调聘请教员不拘信仰、地域、性别、出身，只求团结合作，致力教育事业，消除门户畛域之见。此外，还兼办平民夜校，由教职员及学生担任义务教师，普及教育。对一些贫苦的学生免收学费，学期考试成绩名列第一而操行乙等以上的学生也可免学费，第二名免学费一半，第三名免学费三分之一。因在教育方面作出卓越功绩，中华人民共和国成立后，张瑞权曾出任广州市副市长。

由于师资雄厚，办学成绩显著，知用中学声誉日隆。1930 年筹款扩校，由一些富人乐捐部分建校基金，再由学校出面借款，集资数万元，购买百灵路校址重新兴建校舍。张宏达就读期间，正逢该校扩建。当时初中、高中共有 25 个班。新校舍中的教室楼、科学馆、图书馆已经建成，设施完备，图书仪器非常充实，尤其是科学馆，设有化学实验室、物理实验室及生物实验室。生物实验室里有德国制造的显微镜，还陈列着各种动、植物标本和昆虫标本，为当时广州市中学仅有。

张宏达说："知用中学容易进，难读，很严格。很多学校，难进但容易读，而这所学校来了人就收，但要求严格，跟不上也只好退学了。"他认为在知用中学的三年对他帮助特别大，因为初中基础不好，在知用中学苦学了三年，打好基础，才考进了中山大学。

知用中学的教师非常优秀，很多教师同时是知用学社的社员，关心发展教育和科学救国，对教学工作非常热情负责。当时的数学教师胡金昌、张兆驷，国文教师禤参化、吴三立都是广州名师，让张宏达还记忆犹新的就是他的数学老师张兆驷，对学生要求非常严格。张兆驷是当时广州颇负盛名的数学家，有"广州数学四大天王"之誉，曾主编《中等数学》等教材，是广东高等师范学校的毕业生，毕业后原在广东大学任教，但他认为中学教育对培养科学人才非常重要，因此积极参与创办知用中学，并亲自到校任教。他在教学中非常重视打好数理化基础，并利用各种渠道向学生传播科学救国的思想，鼓励学生掌握科学技术。学校的外语教师也很优秀，张宏达说，他就是靠数理化和外语的优势考进中山大学的。

在知用中学，张宏达非常刻苦。到了假日别的同学会逛逛繁华的广州市，张宏达说："我进了学校里面，什么都不管了，跟外界接触很少。"到省城读书的机会来之不易，他必须格外珍惜，他说："我不认真就没书念了，家里不让念，念书念得好了，他们就没办法了，还得让你念。"私立学校为维持学校的运作，学费比公立学校要高，一学期35块钱。张宏达只交了第一学期的，期末就考进了前三名，第二学期只需交纳一半学费，以后每学期考试都是第一名，后两年都免交学费。他说："这样家里就没办法不让我念，因为不用交学费了嘛！在广州一般学生不是那么勤奋的，我是拼老命，因为不拼上去就没书念了，所以只有一条路。"

1935年，张宏达报考大学，首先要考虑的问题是选择什么专业。当谈及为什么选择生物学时，他说："我喜欢念这个，乡下人啊，接触的就是生物比较多。"童年在山野中嬉戏的快乐时光，让他热爱大自然。他还说，他之所以喜欢生物学，就是因为比较适合他好动的个性。当然除了本身的兴趣，还有其他的机缘。

张宏达读高二时，知用学社社友、著名动物学家任国荣专门为他所在的班开设了进化论课程，每周两小时，使他对生物学产生了兴趣，任国荣的学者风度也很让他钦羡。之后，他开始有意识地吸取生物学知识，当他看到商务印书馆出版的著名植物学家董爽秋翻译的《植物地理学》后，就买了下来，虽然当时不能完全读懂，但他还是坚持啃了下来，从此对植物学有了初步认识。于是，报考大学的时候，他有了读生物学的愿望。

张宏达去征求同乡张梦石的意见，张梦石家住河婆后埔下滩村，是他的族亲，算他的侄辈，但年长他7岁。张梦石1933年毕业于国立中山大学医学院，当时已是中山大学副教授，后来又留学德国取得博士学位，成为著名的儿科专家，中华人民共和国成立后，曾任广州儿童医院院长、广州医学院院长。当张宏达问到学生物学的前途时，张梦石认为生物学非常有发展前景，而且中山大学生物学系的老师都是从欧洲留学回来的，又以任国荣为例，证明学生物学确实有前途，帮助张宏达下定决心。专业的选择是一位科学家职业生涯的开端，决定一生的走向，有些人的选择是不自觉的，张宏达则不同，不管是自身的兴趣，还是外界的机缘，似乎都决定了他与植物学的结缘是必然的。

高中3年勤奋学习，张宏达对考取大学极有信心。他说，当时是晚上12点以后才放榜，在文明路国立中山大学旧校址，全部考生围得里三层、外三层等候看榜，他自信地对同学们说："你们去看，我不用看，我比较有把握。"果然，1935年8月，张宏达通过考试，被国立中山大学理学院生物学系录取。

在文明路学校礼堂举行的开学典礼上，邹鲁校长为新生作报告，慷慨陈词，要把中山大学建成世界一流大学。当时广州石牌的中山大学新校园已动工兴建，宏阔壮观，有"中山大学校，半座广州城"之誉，张宏达和他的同学是第一批进入石牌校园的中山大学学子。当时的中国，虽然是内忧外患，却正逢中国现代学术研究的黄金十年（1927—1937）。张宏达在中山大学开始了他的大学生活，也开始了对植物学孜孜以求的一生。

中国近代植物学自西方引入。17世纪后，由于显微镜的发明和实验科学兴起，西方植物学发展迅速。1753年，林奈（C. Linnaeus）发表了至今仍为经典的《植物种志》。1897年，恩格勒（A. Engler）和柏兰特（R. Prantl）在《植物自然分科志》一书中提出了第一个比较完整的分类系统，植物形态学、植物生理学和古植物学等分支学科也逐步建立起来。而这时中国的植物学还处于古典植物学（本草）的研究阶段。

清咸丰八年（1858），李善兰和英国人威廉森（A. Willianmson）等合作编译的《植物学》，是第一部将西方植物学研究成果介绍到中国的著作，此后很长一段时间，中国植物学研究主要是翻译国外植物学文献，传播植物学知识，虽然有一些中国植物学家取得了一些成果，但主要是在国外的机构，利用国外的标本和设备进行研究，成果也发表在国外的刊物上。

20 世纪 20 年代起，中国一批植物学家在海外学成陆续归来，在国内成长起来的植物学家也开始进行本土植物的调查研究工作，钱崇澍、胡先骕、陈焕镛、陈嵘、秦仁昌是其中的代表，中国本土的植物学研究开始有了长足的发展。同时，植物学研究机构相继建立，1922 年中国科学社成立生物研究所，1928 年静生生物调查所成立，1929 年陈焕镛在中山大学建立植物研究所，1934 年中央研究院自然历史博物馆改为动植物研究所。大学的植物学课程由外聘教师逐渐改为国人充任，植物形态学、植物细胞学、植物生理学、植物生态学和地植物学、古植物学、植物化学等分支学科的研究和教学也开展起来。1933 年，由胡先骕、辛树帜、钱崇澍、陈焕镛等 19 人发起，成立中国植物学会，同时创办《中国植物学杂志》。

20 世纪 20 年代末至 1937 年抗日战争爆发前的十年，是张宏达的求学阶段，也是中华人民共和国成立前中国植物学最兴盛的时期。1934 年，胡先骕在《中国植物学杂志》发刊辞中写道："此时期，专研植物分类学之研究所有四，此外尚有大学之植物标本室，遂使斯学之进步，有一日千里之势，分类学家已有多人，皆能独立研究，不徒赖国外专家之臂助。关于中国蕨类植物之研究，且驾多数欧美学者而上之。即在具普遍性之形态学、生理学、细胞学诸学科，亦有卓越之贡献，此种长足之进步，殆非20年前所能梦见者也。"

1924年，中山大学前身国立广东大学成立，生物学系由原国立广东高等师范学校博物部组成，费鸿年为首任系主任。1926年8月，国立广东大学易名为国立中山大学，生物学系隶属理学院。自1924年起，到1935年张宏达入学时，先后在中山大学生物学系任教的著名动、植物学家有费鸿年、陈焕镛、董爽秋、辛树帜、张作人、罗宗洛、蒋英、任国荣等人，皆为一时俊彦。生物学系多次组织标本采集队和考察队去往广西大瑶山、大明山，广东曲江和海南、湖南、贵州等地采集动、植物标本，建立起比较完整的标本室。1929年，生物学系创办《国立中山大学生物学系丛刊》，作为师生发表研究心得的刊物。生物学系为鼓励学术研究，成立生物学会，师生均可参与，并出版会刊《生物世界》，该刊问世后，国内很多学校和图书馆都有购藏，读者遍及十几个省。

据1933年12月统计，生物学系拥有双筒高倍显微镜4台、单筒显微镜2台、学生用显微镜23台、切片机 4 具、熔蜡炉 2 个，还有杀菌机、定湿炉、干燥机、标本摄影机、显微镜摄影机、幻灯机、显微镜下动植物解剖研究工具等。拥有参考书籍 1500 余册，零散文献 3000 余篇，期刊约 130 册，其中 12 种为全套保存。拥有包括脊椎动物、无脊椎动物标本约 6 万件，高等及下等植物标本共 20 余万件，微生物玻片百余盒。

1933 年 4 月，在"总理纪念周"上，生物学系代主任费鸿年作专门报告，指出：当时国内最为完备的生物学系有 5 个，分别为清华大学生物学系、燕京大学生物学系、中央大学生物学系、厦门大学生物学系和中山大学生物学系。

张宏达的恩师董爽秋，原名董桂阳，安徽贵池人。早年考入北京大学预科，1920 年考取公费留学生，赴法国里昂大学留学，1922 年转赴德国柏林大学学习，受业于植物学泰斗迪尔斯（L. Diels）门下，学习植物分类学，1927 年获得博士学位，是第一位在德国获得植物学博士学位的中国留学生。1928 年，董爽秋回国到安徽大学生物学系任教授。1929 年 12 月，受聘到国立中山大学生物学系任教。

董爽秋的研究领域涉及植物地理学、分类学、形态学和生态学，同时编著了大量教材和专著。他与武汉大学教授张珽合著的《植物生态学》，是中国第一部植物生态学教材。董爽秋精通英语、法语、德语，在介绍国外植物学研究成果方面做了大量卓越的工作，他将导师迪尔斯所著《植物地理学》译成中文，该书即张宏达的植物学启蒙读物，从高中时代起，虽然历经战乱沧桑，这部书一直被张宏达保存下来，作为进入生物学领域的纪念。董爽秋翻译的迪尔斯著作还有《中国中部植物》，这是有关中国中部较全面的植物区系及地理学的报道，是一部研究中国植物区系的重要文献。他还翻译了《记载植物学与植物系统学研究方法》，作为研究植物学的方法论介绍给国人。

张宏达上大学时，董爽秋为他们讲授植物学最重要的几门基础课，包括植物形态学的授课和实习、植物分类学、本地植物、低等植物学等课程。董爽秋的植物分类学讲义是从恩格勒的《植物自然分科志》编译而来，具有完整的分类系统；植物形态学则把德国植物学家哈巴兰特（Haberlandt）的《植物生理解剖学》译成中文，当作教材，使当时中山大学植物学教学渐能与柏林大学比肩。

董爽秋在分类学上的重要研究成果是金缕梅科，他首先将"进化论"思想应用于金缕梅科的分类研究，他对金缕梅科花部性状深化及地理分布的研究，对后来人们建立该科系统发育的分类系统有着重要的启迪作用。张宏达继承并发扬了董爽秋在金缕梅科方面的研究，在这一领域取得了成绩。

1996年，董爽秋诞辰100周年之际，张宏达在纪念文章《怀念董爽秋老师》中写下："从1935年到1942年，从广州到云南又回到抗战时广东临时军政中心的粤北，我一直是在董老师的教导下从事学习和工作。董老师离开了我们已有15个年头，而董老师的一言一行萦回在我的脑子里。"

董爽秋曾任中山大学生物学系主任、中山大学教务长，1942年受聘到贵州大学任教，后来又任职于西北大学、同济大学、兰州大学、湖南大学，1953年院系调整后，到刚成立的湖南师范学院任生物学系主任，为该校建立了生物学科。

张宏达的另一位恩师任国荣，广东惠阳人。1926年国立广东大学生物学系毕业，是广东大学第一届毕业生，1927年9月被聘为生物学系助教，从事鸟类研究。1928年，辛树帜、任国荣、黄季庄等人组成标本采集队，前往广西大瑶山采集了大量鸟类标本，任国荣据此进行研究，出版了《中国鸟类丛书第二集：广西鸟类之研究》和《中国鸟类丛书第三集：广西瑶山鸟类之研究续集》，1930年被翻译成德文出版，这是德国人翻译我国近著科学论文之第一次。1929年11月，中山大学公派任国荣出国研究鸟类，先后在巴黎和伦敦的自然历史博物馆进行研究工作，撰写论文20篇，记录新种30多个，其间获得法国动物学会银质奖章。1933年9月，任国荣回到中山大学，被聘为教授，先后担任博物系主任、生物学系主任、理学院院长、中山大学训导长等职务。

张宏达与任国荣专业不同，但深受任国荣影响，甚至是在他的直接影响下选择生物学专业。在张宏达的人事档案中记载："在知用中学时他（任国荣）教我们进化论，那种风度是令人钦佩的，到我报考大学时一心想考生物系。……他在当教授时的治学精神，的确打动了我，他在生物学上的成就，也使我起了崇拜之情。"

任国荣非常重视野外考察，经常会在周末和节假日约一些老师和同学去郊外及白云山一带游玩、打猎，有时大家凑钱买面包，任国荣买罐头，有时任国荣出钱请大家吃饭，其间他还会向大家介绍西方大学的学术活动和学术生活，这些对张宏达很有吸引力。这种短途旅行对张宏达的专业学习有很大帮助，认识了自然环境，打开了眼界，书本上学到的东西很快就有机会到野外去验证，提高了学习的兴趣，也认识到野外考察的重要性。

任国荣个性豪爽，能和学生打成一片，张宏达还记得，任国荣曾出钱请他们全班 11 位同学看电影。在众多学生中，任国荣对张宏达是比较偏爱的，经常鼓励他学外语，做翻译。张宏达喜欢打篮球，有些教授不喜欢，觉得他不务正业，但任国荣不这样认为，"我打球比赛，请吃饭，打赢了，再请一次。"张宏达代表国立中山大学的篮球队和田径队参加广东省运动会，任国荣特意在石牌的一家餐厅请他吃饭。

张宏达毕业后，任国荣介绍他留校，以后两人长期共事，任国荣继续在专业和教学工作上给予他支持和帮助。中华人民共和国成立前，任国荣移居香港，与钱穆、唐君毅等学者创立亚洲文商学院，1950 年 3 月改名为新亚书院（香港中文大学前身）。1960 年，任国荣出任新亚书院生物学系主任，后又出任新亚书院董事会董事，为新亚书院的发展作出了历史性的贡献。任国荣还保持着在中山大学任教时的作风，言传身教，勉励学生在教育、研究、学术方面发展。

考上理想的学府，学习热爱的专业，有名师指点，大学里的张宏达对学业充满了热情。张宏达入学的时候，生物学系没有植物学和动物学专业之分，不论是动物学还是植物学课程，都是必修的科目。第一学期他上的专业课是董爽秋开设的植物形态学，张作人开设的无脊椎动物学，后来有植物分类学、普通生物学、脊椎动物学、植物细胞组织学、动物比较解剖学、本地植物、生物化学、遗传学、植物生理学等。此外，必修课有化学、英文、第二外语（德语和法语，任选一种），在校期间，张宏达选修的是德语，因为当时德国的生物学研究很发达，毕业后他又自修了法语。

大学一年级时张宏达选修了普通地质学，由著名地质学家何杰任课，除了上课，何杰还带生物学系的普通地质实习。何杰当时任国立中山大学地质学系主任和两广地质调查所所长，在跟随何杰上实习课时，张宏达认识了当时在两广地质调查所当技师，后来成为中国科学院院士的地质学家、大地构造学家陈国达。经常跟着陈国达等人到广东各地做地质调查，使他对这门学科产生了浓厚的兴趣。大学一年级下学期，他除继续选修何杰的普通地质学，还选择了地质学系另外两门课程：著名地质学家、古生物学家孙云铸开设的地史学，著名古生物学家、地层学家乐森璕开设的古生物学。1936年，张宏达跟随中山大学聘请的德国构造地质学家米士（P. Misch）在英德、曲江（曲仁）煤田及浈水流域考察地层，在理论和实践方面都对地质学有了深入了解。张宏达认为，他在学术上取得的成绩得益于三门学问，一是生物学的专业课，二是化学，包括无机化学、有机化学、生物化学，三是地质学。当时国内很多地质学的名家都在中山大学任教，通过跟随他们学习和考察，张宏达在地质学、地层学和古生物学方面积累了深厚的知识和丰富的经验，这对他以后提出"华夏植物区系学说"起了决定性的作用。

张宏达积极参与系里的学术活动，1936 年 10 月，他当选理学院生物学会的候补干事；1938 年 3 月，当选为生物学会干事，负责文书部工作。在生物学会会刊《生物世界》1937 年第 6 期和第 7 期上，张宏达发表了第一篇文章《闲话鼻子》，译自英国的《自然》杂志，内容是介绍动物的鼻子。

功课之外，张宏达是学校的篮球健将。据 1936 年 5 月 9 日的《国立中山大学日报》报道，在理学院举行的篮球比赛中，生物学系以 39 分比 8 分战胜地理学系，张宏达打中锋位置，一人独得 23 分，可见他在球队中的主力地位。此外，他还参加排球比赛和田径比赛，并代表中山大学参加广东省的运动会。

在校园里，张宏达交到了很多好朋友，如黄维康、莫柱荪、李国藩、黎尚豪等。

黄维康是张宏达最亲密的朋友，两人从知用中学起就是朋友，入读中山大学后，在生活、学习各方面都很接近，被其他同学视为"知用派"。黄维康和张宏达一样热爱运动，同样擅长篮球、排球和田径，兴趣相投，用张宏达的话说，他们是死党。黄维康老家在梅县，家里开设染布厂，在广州还有一间布店，家境比较好。在同学里，黄维康最突出的是会讲流利的普通话，并且在普通话比赛中得过奖。毕业后，两人又成为同事。抗战期间，中山大学迁到粤北坪石，而张宏达主要在栗源堡工作，每星期天到坪石校区，都是住在黄维康家里，黄维康偶尔到栗源堡办事，也会去看望张宏达，他俩经常彻夜长谈。坪石失陷后，中山大学迁往梅县，张宏达住在黄维康家里，复员后回到广州，也是住在黄维康家的商店里。1952年，院系调整后，黄维康到华南农学院任教，两人不时见面，友情维持了一生。

莫柱荪是张宏达地质学系的同学，大学时他们同住一个宿舍。张宏达曾说，在同学中对他影响和帮助最大的就是莫柱荪。莫柱荪思想进步，经常推荐张宏达读一些进步书籍，鼓励他接触新事物。莫柱荪长于科研和写作，也常鼓励张宏达写文章。毕业后莫柱荪先后到江西地质调查所和两广地质调查所任职，在两广地质调查所工作期间兼中山大学的教职，和张宏达联系密切，在学术上多有合作。后来莫柱荪成为著名的地质学家，在进行和生物学相关的研究时，还常邀请张宏达写文章。

李国藩是张宏达在知用中学低一级的学弟，又晚他一年进入中山大学。来到中山大学后，两人保持着亲密的友谊。李国藩后来和张宏达一起参加广东学生集训，之后一起辗转数省奔赴云南复学，更是结下了深厚的情谊。李国藩后来主攻动物学，学业非常优异，1940年毕业后被聘任为生物学系讲师。他与张宏达同学、共事，友情终生不渝。

黎尚豪是中国淡水藻类专家，后来成为中国科学院院士。张宏达说他在读大学时就有点专家学者的气质，对学生运动也很关心，每次游行他都参加，在班里常教大家唱歌。他也同张宏达一起参加学生集训，一起到云南复学，毕业后留在中山大学生物学系任教。1943年他离开中山大学到中央研究院动植物研究所工作，中华人民共和国成立后，在中国科学院武昌水生生物研究所工作。20世纪50年代，一次张宏达去北京开会，返回广州时经武昌换车，只有六七小时的停留，他特地到水生生物研究所探望黎尚豪，黎尚豪做研究需要采集一些广东的藻类，也请张宏达帮忙。

张宏达在中山大学读书时，日本正预谋对中国发起全面进攻，民族危机日渐深重，中山大学爱国学生和社会各界一起组织轰轰烈烈的抗日救国运动，张宏达和他的同学积极投身其中。1936 年 1 月，张宏达回到汕头发动反日游行，1 月 13 日，游行发动的当天，广州发生了军阀陈济棠组织军警和暴徒镇压学生抗日游行队伍的荔湾惨案，当局四处逮捕中山大学进步学生，张宏达组织的反日游行失败了。同年，中山大学学生创办"乡村服务实验区"，在石牌校园附近的 9 个村办农民夜校，义务辅导农民识字，结合形势进行爱国主义和民主革命教育，张宏达和同学黄焕照、谭儆吾等人参加了上元岗农民夜校的教学活动。

植物学的研究离不开野外考察。中国是世界上唯一拥有从热带—温带—寒带连续分布广阔地带的国家，植物资源丰富。由于中国近代植物学研究起步较晚，西方国家觊觎中国的植物资源，自《南京条约》签订后，即有外国人来中国调查植物资源、采集标本，据此发表论文、发现新属和新种，并将模式标本存于国外，这些文化侵略行为给中国自身的植物研究带来了很多困难。当中国自己的植物学家成长起来之后，所做的第一项工作就是对本国的植物资源进行全面考察。国立中山大学生物学系的教师大多是从国外留学回来，带回了野外考察的学科传统，建系之初，就开始在两广各地采集标本。其中，影响最大的是 1928 年，辛树帜组织的考察队到广西大瑶山进行考察，这里是中国动植物的宝库，但由于此前汉人对瑶胞的传闻极其恐怖，这里成为外界不敢轻易触及的禁地。中山大学的考察队能进入这里，一个重要原因是生物系助教黄季庄与瑶胞交了朋友，得以自由进出瑶山。首次考察就采集了很多珍贵的动、植物标本，引起了学术界高度重视。正如张宏达所说："中山大学生物系就是靠调查瑶山起家的。"采集队成员，后来成为著名农学家和植物生理学家的石声汉，曾经在《国立中山大学广西瑶山采集队采集日程（作者小记）》中写道："为自树先声，明昭世界，吾国物产，已自行着手调查，无烦越俎代庖，借杜侵略计，调查采集工作，向属刻不容缓。"体现了中国科学工作者对科学的激情和对国家的赤诚。

张宏达入学后，参加了多次重大的野外考察。第一次是 1935 年 11 月，中山大学校庆前夕，生物学系全体同学 20 余人，由张作人、任国荣、冯言安和黄季庄等教师率领，赴广东北江瑶山考察。系主任董爽秋认为，北江瑶山为中国南北植物的分布交界线，代表中国北方的植物南行至北江瑶山而止，代表中国南方热带的植物也止于北江瑶山以南，是研究植物地理分布的重要区域，所以高度重视这次考察。考察先是取铁路到曲江的桂头镇，然后步行 80 里进入北江瑶山，夜宿芳洞，考察了瑶山寨瀑布区的森林，观察了该区域鸟类活动，这是张宏达第一次正式的野外考察。

1936 年 4 月初，张宏达随部分师生到罗浮山考察。罗浮山是中国道教十大名山之一，又有"岭南第一山"之誉。此次考察，先到水帘洞，再登罗浮山顶峰飞云顶，观察了罗浮山的森林和植物垂直分布情况，参观了葛洪炼丹遗址。

1936 年 11 月中山大学校庆前夕，董爽秋、张作人、任国荣带领生物学系同学 20 余人赴南岳衡山采集，考察了广济寺、方广寺及祝融峰的森林植被，进行标本采集。考察时，董爽秋得知湖南军阀何键在南岳休假，便致函请求拜访，何键对考察队致力于学术工作颇为赞许，派汽车把生物学系师生送到长沙去参观，考察队得以考察岳麓山的植物及动物分布。

1937年7月，黄季庄率领二年级张宏达等同学7人，组成大瑶山生物调查团前往广西大瑶山考察。这里便是中山大学考察队于1928年进行考察的地方，也是张宏达向往已久的地方。此次考察取道梧州，转南平、江口，步行入思旺，第一站进入罗香，第二站进入罗运，第三站进入古陈，登上瑶山最高峰圣堂顶，采集了蕨类标本200余号。

考察期间，卢沟桥事变爆发，抗战开始。由于山区消息闭塞，调查团直到7月下旬由瑶山返南平的路上才得知这个消息。据张宏达回忆："我们到广西瑶山，出来的时候走到半路，碰到一个做生意的，告诉我们：'快点回去啊，打仗了。'那时候我们不怕日本，大家的想法就是要跟日本人干，不管输还是赢。所以群众还是很踊跃的。"

经冬犹绿林

张宏达一行从广西瑶山考察返回后，广州的形势非常紧张。从 1937 年 8 月起，日军开始连续轰炸广州，1937 年 8—9 月及 1938 年 3—6 月，中山大学石牌校区多次被日机轰炸。1937 年 9 月开学后，由于日机的轰炸使上课时断时续，为保障师生生命安全，全校休课 3 周。理学院于 10 月 25 日复课，复课后两个月，谣传日军即将进攻华南，教育部命令国立中山大学筹备迁校。12 月27 日，学校提前一个月休课，为迁校做准备，学生返乡或留在市内，开展救亡工作。中山大学组织了御侮救亡工作团、抗敌后援工作团等学生组织。张宏达参加了"非常时期"应征服务国家行列。

1938 年 10 月 21 日，广州沦陷。在日军的枪炮声中，中山大学于 10 月 19—21 日分批撤离广州。先撤往罗定，一个月之后，又拟迁往广西南部的龙州，但因龙州环境及给养不适宜设校，遂决定改迁云南澂江。迁校路途遥远，加上战乱，行程十分艰苦。师生大部分经过广西镇南关到达越南河内，乘滇越铁路列车到达昆明，然后再转到澂江。有一部分师生从广西柳州到贵阳再转昆明，之后再到澂江。另有一部分师生从百色、香港方向到昆明再转到澂江。

为方便师生前往云南澂江新校址，学校编印了《赴滇指南》，分别在香港、龙州、同登、河内、昆明等地设立办事处，办理师生赴滇手续及给予旅途方便。1939年2—4月，生物学系师生陆续抵达澂江，学校于3月1日开学。

迁校时，张宏达正参加学生集训。1938年"双十节"，日军进犯华南前夕，广东召集全省高中以上学生，成立大中学生集训队，全省共有10000多名学生参加，张宏达被编入第一区团第二中队。入营后第三天，即10月12日，日军在惠州大亚湾登陆，集训营迁离广州，经1000多千米的长途行军，12月抵达粤北连县（今连州市）星子镇继续训练一个月后结业。

集训队转移过程中，中山大学同学家境好一些的，自行借道香港等地转赴云南，家境贫困的只能跟着集训队转移，到达连县后，10000多名集训学生只剩3000多人。行军的过程非常艰苦，据张宏达回忆："那时候同学都是广州的多，没有依靠，颠沛流离，很多学生整天哭哭啼啼。"而乐观的张宏达则不一样，"因为他们是小孩，和我们乡下人不一样，我们跑野外跑得多，无所谓，他们都是文科的、法科的，没有跑野外的经验，一到粤北就很困难，我们到粤北还觉得挺好玩，河水很大很干净，我们整天就下河。"同时，张宏达也没有忘记自己的专业，《张宏达文集·六十年学术活动记事》中记载：
"随广东大中学生军训队经粤汉路转坪石到连县星子镇，在连县第一次考察了石灰岩地貌及石灰岩植被；当时随身携带了 Dunnand Tutcher 的《广东及香港植物志》，接触到'枫香 + 马尾松 + 檵木'的森林。"

1939 年 1 月，军训结束，集训队里的中山大学学生得到中山大学要迁往云南澂江的消息，急于返校。除留下约 40 人由当局分派留在粤北工作外，分别结队踏上返校征程。

集训队结业时，广东省政府主席李汉魂为学员训话时提到，每位学员发给回校旅费，最少国币 5 元，最多 50 元。中山大学的学生要到昆明，除由集训总队发给旅费外，邹鲁校长已汇款给广东省教育厅厅长许崇清，请他代发旅费，每名学生 20 元。即便如此，返校旅费还是很紧张，据张宏达回忆："我们到了哪里就住哪里，不给钱，因为没钱。吃饭，吃一点给一点，就这样混到云南。因为那时我们四年级了，快毕业了，不继续读不可惜吗？"他说，如果没有集训队组织的回校团，他就没有机会读书了，靠自己的能力到不了云南。流离的旅程中，张宏达开始憧憬科学救国之路，期待着自己和同学能在专业上作出成绩，使中国立于世界强国之林。

回校团长途跋涉，徒步赴滇，校方尽量安排人力物力帮助学生返校。据负责迁校工作的校长室秘书萧冠英事后向全校师生报告："集训生由军训部主任蔡佩文教授、刘求南及各教官率领，由粤北经湘桂等地前来澂江，因车辆难雇，于3月6日始行抵南宁，内有200多名经龙州、越南入滇，46名由百色经贵州入滇，余约60名有三分之一经香港来滇，三分之二留在韶关，由广东省政府分发各处工作。各处员生沿途由梧州、南宁、龙州，经同登或由汕头、香港、北海、广州湾等地经海防来澂者，20余批，计有1000多人，沿途设站招待接引。河内方面，由张掖、卢干东两位教授负责。海防方面，由张云教授、梁瓯第处员负责。香港方面，由古文捷、柳金田、萧鹏魂3位教授负责。昆明至澂江方面，由石兆棠副教授、罗禹培助理秘书负责。"在迁校头绪万端的情况下，学校为返校学生做如此尽心尽力的安排，可见对学生高度负责的态度。

张宏达一行人，从粤北出发，首先取道衡阳，沿湘桂铁路走，后来走不通，就分成几路，张宏达和几位同学经桂林、柳州、南宁、龙州，进入越南同登再到河内，转铁路进入云南。同伴中，据推测应该有同被编入学生集训队第一区团第二中队的中山大学生物学系同学黎尚豪、李国藩、谭傲吾。据张宏达回忆："那时河内还是殖民地呢，我们没钱，就赖着，不给钱，就吃饭买一点饭票。在河内坐车不用给钱，越南那个时候还是受中国影响，这样子就混进了云南。"张宏达甚至觉得这种生活也有乐趣。他对这段经历乐观地回忆说："到桂林住两天，吃柚子，到柳州又住几天，吃沙田柚，到南宁又住几天。"

张宏达年近百岁时虽然很多记忆都模糊了，但还清楚地记得返校的时间，那是 1939 年 3 月 28 日，也就是黄花岗革命烈士纪念日的前一天，他和同学到了澂江，征尘未洗，便开始复课。

国立中山大学在澂江的教学和生活条件非常艰苦。生物学系大量的图书、仪器设备和标本，有些失落在广州，有些流失在迁徙途中，据 1939 年统计，图书损失 80%，仪器损失 33%，标本由 26 万件减少到 10 万件，其中有 4 万件标本被陈焕镛在广州失陷前运送到香港保存，余者遗失在广州。生物系没有实验器材，只能维持基本的课堂教学。

战时张宏达很难收到家里的汇款，初到澂江时，他连换洗的衣服都没有，任国荣送给他一条裤子让他渡过难关。1939 年 4 月，张宏达因为经济困难，曾向中山大学校长办公室申请到两个月的贷金共20元，以后又向中山大学的基督教会申请到10块钱的救济金。

据张宏达回忆，那时云南流行病很严重，因为没有医疗设备，很多人失治而死，中山大学医学院迁去之后，澂江才开始有医疗。但因战时医药设备不足，且对当地疾病缺乏认识，中山大学也死了几个人。澂江疾疫流行是中山大学最终迁回粤北的一个重要原因。

生物学系设在澂江的小龙潭，离县城3千米多。澂江每个村都建有两个寺庙，一座建于村头，被称为上寺，一座建于村尾，被称为下寺。一座寺庙有八九间屋子，留在村里的师生一般集中在这两座寺庙中。教室也设在这里。有了中山大学的师生，当地农民可以把农产品卖给他们，用这些收入补贴家用，所以中山大学的师生很受欢迎。

大四最后一学期，张宏达选修了有机化学和生物化学等课程，同时准备毕业论文，张宏达选择对澂江本地的植物进行研究。云南植物资源非常丰富，但因山高谷深、交通闭塞，植物学家很难到当地考察，之前只有奥地利植物学家韩德·马泽（Hander-Mazzitti）做过云南植物的研究。抗战期间，内地一些大学和研究机构搬到云南，以及云南农林植物研究所成立后，国人才开始研究及报道云南的植物。中山大学迁到云南后，董爽秋想对云南的植物进行大规模采集，但因学校部署甫定，百端待举，只好先从澂江境内着手，指导学生对澂江的植物进行研究。确定此选题的另一个原因是，中山大学多年积累的珍贵标本大量损失，实验仪器亦严重不足，毕业研究只能因地制宜。据张宏达回忆，黎尚豪本来是做实验研究的，没有条件，毕业论文只好在董爽秋的指导下研究当地藻类，毕业后继续对淡水藻进行深入研究，终于成为中国淡水藻专家。

张宏达大学时代侧重研究大株高等植物，由于澂江境内没有大山，而且人烟稠密，森林破坏严重，只有城东北十余里松子围一带还保留着连绵数里的森林，澂江的海口等处有人造林。他用4个月时间采集了1000余号标本，其中包含80余个科。因准备论文的时间匆促，所采标本未能全部鉴定，经鉴定的有62科，170种，写成毕业论文《澂江植物之研究》。未经鉴定的标本本来准备进行后续研究，但此批标本后来被吴印禅和张宏达带往同济大学，抗战胜利后，同济大学回迁时沉没于长江中。

1939年6月23日，张宏达等同学8人由董爽秋、张作人、任国荣率领，赴大理进行毕业前野外实习。中山大学迁到澄江后，生物学系便计划开展云南植物资源调查，但因学校经费困难，一直未能成行。直到6月争取学校下拨考察经费700元，不足之数由同学分担。

当年张宏达记录的《大理点苍山采集日程》依然保存着，详细地记录了此次考察的行程。考察队师生出发第二天抵达昆明，向点苍山进发，一路在转车的间隙进行考察和采集。6月27日下午2时许抵达下关，晚6时许抵达大理。第二天，董爽秋等人去拜会大理县长，原来他亦是广东高等师范学校的校友，故对考察队非常支持。经他指点，考察队得知，大理附近有点苍山和鸡足山两座大山，后者距大理城百余里，雄伟异常，中有大小寺观几百个。根据考察队的经验，凡寺观所在，一般会保留相当规模的森林，所以想赴鸡足山考察，可惜当地治安不靖，大理县县长苦劝考察队勿冒险前往，故考察队决定赴点苍山采集。下午2时出发，出大理城西门数里后开始登山。点苍山有十九座山峰，中心峰建有中和寺，考察队驻扎在此。7月2日登最高峰马龙峰，至海拔3800米处采集。5日，完成采集工作下山。在点苍山上，共采集高山植物标本300余号，鸟类标本100余号，其中有杜鹃花标本40余号。此行，张宏达对点苍山的杜鹃花林留下了深刻的印象。6日，考察队游览了洱海。《大理点苍山采集日程》记录到 7 月 13 日，此时抵昆明，当天到云南大学和西南联合大学参观。

在大理点苍山采得的高山植物标本，因为不属于毕业论文范畴，没有在论文中述及。张宏达本打算继续搜集，再发表研究报告，可惜这批标本在坪石失陷时损失了。

1939 年 8 月底，张宏达完成毕业论文答辩，从中山大学生物学系毕业，结束了大学生活。大学时代往往是一位科学家学术生涯最重要的奠基阶段，对张宏达来说，尤为如此，因为他没有继续深造，也没有出国留学，国立中山大学的学习经历对他的一生影响都是非常深远的。名师的指导、野外考察的锻炼，帮助他培养起扎实的专业基础、严谨的科研作风和正确的工作方法。虽然历经战乱，但中山大学在建校之初即建立起的良好学术传统，广大师生救国不忘读书，彰显学人本色，更帮助张宏达树立起了为科学献身的信念。

风雨飘摇，国运如丝，学校在战火中流离，一线学脉绵延不绝。在这种背景下，张宏达开始了职业生涯。时局动荡不安，大时代的个人命运往往不由自己把握，但科学工作者坚韧的信念，使他在艰难的境地中依然实现着自己的人生价值。

张宏达毕业时，因为抗战时期谋生不易，中山大学把大部分毕业生留下来，使他们有一条出路。生物学系共有毕业生8个人，留下黎尚豪、陈德淑、林东娣3人。任国荣任中山大学师范学院博物系主任，把张宏达和黄维康、黄焕照3人留在博物系当助教，用张宏达的话来说："这样我们就有饭吃了。"留校远不只解决了吃饭问题，而是决定了他的人生轨迹。为了谋生，他已经在广西北部找到中学的教职，如果不能留在中山大学，而是去中学任教，张宏达未必有机会继续从事学术研究工作。

中山大学师范学院博物系的教师全部由理学院生物学系的教师兼任，张宏达也会参与生物学系的教学和考察工作，工作环境对张宏达来说非常愉快，都是自己熟悉的前辈和老师，没有门户之见，没有人事纷争。任国荣一如既往地支持和帮助张宏达，鼓励他认真做学问。每次去野外采集，任国荣不是和研究动物的一起去打鸟，而是和张宏达一起采集植物标本，让他感受到前辈学者的关怀。第一年的助教工作，除每周上一次植物形态学实验课的工作，张宏达把全部时间用来翻译外国的植物解剖学和植物生理学教材，为上讲台做准备。任国荣很赞赏，认为这样做既解决了专业知识，又提高了外语水平。

　　1940年春，吴印禅从德国归国，接替董爽秋担任博物系植物形态学的授课任务，张宏达成为他的助教，吴印禅是又一位对张宏达的专业成长有所帮助的师长。

　　吴印禅，江苏沭阳人。毕业于国立武昌高等师范学校生物学系，经辛树帜推荐，任中山大学生物学系助教，1934年5月由校长邹鲁派往德国柏林大学学习，在迪尔斯的指导下，从事植物区系研究，并在柏林植物园及柏林植物博物馆从事研究工作，精通德文、英文和拉丁文。1940年回国，任国立中山大学生物学系教授。1940年8月，中山大学迁回粤北之际，吴印禅应同济大学生物学系主任石声汉之邀，赴该校任教；1941年8月，被聘为同济大学理学院代院长兼生物学系主任；1946年，再度回到中山大学生物学系任教；1959年10月10日因病逝世。

　　吴印禅早期从事蕨类植物研究，所著《广西瑶山水龙骨科植物》一书，全面系统地论述了大瑶山蕨类植物区系的组成及地理分类概况，并附有精美详细的插图，是当时中国一部很完善的植物区系图表，也是水龙骨科植物研究的不朽之作。他编写的《植物分类学》是一部既具有高度科学系统性，又密切结合中国植物实际的讲义。在中山大学任教期间，他撰写了多篇高质量的论文，刊登在德国《植物学报》上。吴印禅对被子植物的起源和系统发育的重大学术问题勇于探讨，对各家系统理论都有深刻的研究，并做了一些有价值的修正和补充。他对苏联的格罗斯盖姆（A. A. Grossheim）的系统发展阶段学说有过深入的研究和评述，又发表了自己新的见解，辩证地认识被子植物的起源和进化的规律。同时，他对单子叶植物原始类型的单一性及共通性给予密切注意，广泛搜取材料，进行深入探讨，试图揭露被子植物起源与发展的问题。在棕榈植物的原始性、单子叶植物地下茎的形成等问题上，吴印禅都提出过值得重视的论点。

吴印禅治学勤奋，注重实践，先后开设高等植物学、地植物学、有花植物分类、植物地理学、拉丁文等课程。坚持教学和科学研究、理论研究和生产实践相结合的原则，在教学工作中创造了课堂讲授、实验实习和课外辅导等一系列教学方法。他最早收集并整理出鼎湖山植物名录，为中山大学生物学系和其他院校同行在鼎湖山进行生产实习及教学实习提供了基础科学资料。

吴印禅是一位立场坚定的爱国主义者。在柏林学习期间，他发现中国植物学研究的许多资料落在外国人手里，痛感国家积弱，受人欺凌，于是夜以继日，废寝忘食，以惊人毅力把柏林植物博物馆所藏中国植物区系的标本全部加以记录整理，描摹标本，共得万余帧，为我国植物区系学研究保存了一批珍贵资料。后来，柏林植物博物馆毁于第二次世界大战，这部分幸存的资料就显得更加珍贵。中华人民共和国成立前，吴印禅十分同情爱国学生的民主进步活动，掩护校内地下工作者，并积极参与营救被捕师生的活动。

张宏达担任吴印禅的助教后，得到他很多必要的指导。后来张宏达曾跟吴印禅到同济大学生物学系短期任职。1946年后，从吴印禅重回中山大学直至离世，张宏达一直与吴印禅在一起工作。吴印禅对张宏达勤奋治学的精神和植物学天分非常欣赏。曾担任国立中山大学理学院院长的徐贤恭曾回忆："张宏达当时是中山大学理学院生物系年轻讲师，就专业而言，他是偏重于植物分类学的，他在当时生物系搞这方面的教授吴印禅的带领和协助下，搞教学科研和野外调查研究工作，我同张宏达接触很少，但有时听吴印禅说，张宏达搞业务相当努力，曾写过几篇科研论文并发表。因此，给我一种印象，即张宏达在年轻教师中，业务上是有一定成就的，他是努力做学问的人。"

这时中山大学在澂江已安定下来，生物学系和博物系开始将初赴澂江便产生的云南植物资源调查计划付诸实施。继 1939 年 6 月张宏达的毕业考察后,1939 年 8—9 月,任国荣带黄维康、张宏达等人去滇越铁路沿线的禄丰村农事试验场采集旅行。任国荣和张宏达又多次带领博物系同学去澄江县所辖的海口、倮倮村、九村等地采集旅行;1940 年 2 月,黄维康、黄焕照和张宏达三人利用寒假时间,到澄江县东南的松子围采集标本,历时 10 日;1940 年 6—7 月,生物学系 1940 届毕业生进行毕业实习,任国荣和吴印禅邀请张宏达参加,他和董爽秋、任国荣、吴印禅一起带领 1940 届毕业班 5 位同学到云南屏边大围山考察。考察队经过云南河口进入屏边(金屏)大围山、宿戈寮和老寨等,考察持续了一个多月,共采集了 700 余号标本。这次考察对张宏达的影响极大,多年之后,张宏达在《六十年学术活动记事》中回忆,这次考察让他对莽莽林海感受极深,既欣赏了祖国山河的壮丽、资源的丰富,又深感个人的知识面对广大森林显得渺小和浅薄,虽然考察前他翻阅了韩德·马泽的《滇南考察报告》,获得了一些信息,但并不能解决问题,思想上的震动和愧慊对张宏达产生了长期影响,并成为鞭策他致力于植物学研究的动力。

在云南学习和工作的近两年时间,张宏达共采得蜡叶标本 2000 余号，除部分在同济大学迁校途中和坪石沦陷时失落，余者现保存在华南植物研究所。

1940 年 8 月，国立中山大学在校长许崇清的主持下，迁往粤北山区坪石办学。当时广东省会迁到粤北韶关，当局认为本省除敌占区外局势较为稳定，而本省及邻省湖南、江西等地区学生入大学读书十分困难，中山大学随省府迁回粤北可以解决这个问题。国民党在广东的元老们也认为纪念孙中山的大学以迁回广东为宜。广东文化教育界进步人士也支持把中山大学迁回粤北，希望中山大学在坪石能与桂林相呼应，开展进步文化工作。加之 1940 年 7 月日军策划进逼越南，威胁滇境，教育部遂电令所有迁到云南的学校"立刻准备万一，快速搬迁"。

中山大学迁校动议提出之初，理学院一些教授，如何衍璿、康辛元、董爽秋、任国荣等人均反对，张宏达也不主张搬回广东。因此张宏达没有与中山大学回迁，而是和吴印禅、黎尚豪去当时迁到昆明的同济大学生物学系任助教。同济大学生物学系主任石声汉和吴印禅同为国立武昌高等师范学校的毕业生，在中山大学也曾共事过，当时同济大学生物学系刚刚成立，缺少师资，因此石声汉向吴印禅发出邀请，又因张宏达、黎尚豪亦不想回到广东，于是吴印禅带领张宏达、黎尚豪二人同赴同济大学。3个月后，同济大学奉令迁往四川宜宾，张宏达选择回到中山大学。除这短暂的3个月外，张宏达一生都服务于中山大学。

坪石地处广东、湖南交界，地方狭小，除校本部设在坪石外，各学院分布在围绕坪石50千米的范围之内。理学院院址在坪石塘口，师范学院在乳源瑶族自治县属的管埠，生物学系与博物系相距10多千米。吴印禅留在同济，董爽秋在生物学系的教学任务非常繁重，无法奔波10多千米来上博物系的课，博物系的学生也不愿意跑去理学院上课，因此在回到坪石后，张宏达作为助教，开始独立承担博物系植物形态学和植物分类学的课程教学和实习指导工作。

因张宏达已经能独立开课，师范学院院长齐泮林准备升他为讲师，被张宏达拒绝了。当时理学院地理系有一位助教，为地理系同学开英语地理学，很多英语名词不懂，经常向别人请教，现学现卖，理学院很多助教都在讽刺他，张宏达引以为鉴。任国荣劝他说，提升讲师可以增加工资。张宏达回答说："我不稀罕这些。"从这时起到退休后离开教师岗位，张宏达面对教学工作的态度始终都是充分准备、审慎对待。坪石时期，张宏达的收入只够勉强维持生活，当时的坪石小城，由于中山大学师生的到来，商业有了较快发展，同时物价也迅速提高，大米从 30 元一石，渐渐涨到 40 元、50 元、60 元……120 元，薪水微薄的助教日子很难过。按规定，助教代课可以拿代课工资，但他也没有提出要求，只是认真踏实地上课。

在科研工作上，《国立中山大学日报》1940 年 6 月 20 日有一则《各学院助教向教务处报告研究工作进度》的报道，文中报道张宏达此时正在进行"广东北部水龙骨科（*Polypodiaceae*）之研究，山茶科（*Theaceae*）之研究，并从事广东北部植物之采集"。此后张宏达没有对水龙骨科进行过多的研究，也没有发表过相关著作。然而，山茶科却从此开始成为张宏达的研究重点，而且后来有大量卓有影响的成果问世。

当时坪石尚有老虎出没，张宏达回忆说，他住在楼上，下面就是猪栏，老虎进村里吃猪，猪嗷嗷叫，他们就拿瓶瓶罐罐砸，"第二天早上，我们就几个人，拿马铳、猎枪，到处去找那只老虎。那个时候不怕，其实现在想起来有点后怕，如果两百多斤的老虎冲过来，受不了的。"

1941 年年底，任国荣辞去师范学院博物系主任，回到理学院生物学系。1942年6—7月，受中山大学内部宗派斗争影响，张宏达没有接到中山大学师范学院的聘书，度过了一个月难熬的失业时光。他搬到理学院所在地，住在黄维康家，整天在两广地质调查所宿舍和莫柱荪等人一起消磨时光，玩麻将和桥牌。这样无所事事的日子，让他觉得很煎熬，他期待能早日重新开始植物学的研究工作。这时，任国荣把他推荐给国立中山大学研究院院长崔载阳，为他谋得研究院农林植物学部助教一职。

1928年9月，著名植物学家陈焕镛任中山大学理学院生物学系主任期间，创办植物研究室，开展对广东省植物的全面研究，为改良及发展广东农林事业提供依据。1929年12月4日，经中山大学校长核准，成立植物研究所。1930年4月又冠以"农林"两字，隶属农学院，既对植物分布做科学调查，也对经济植物进行研究。在陈焕镛的领导下，从事华南和西南部分地区的植物标本采集和分类学研究，并卓有成就。1930年，植物所开始出版植物学专刊。为了纪念孙中山先生，以孙逸仙命名为Sunyatsenia，译称《中山专刊》，是中国最早用英文出版的植物学刊物。

1935年6月1日，国民政府教育部批准国立中山大学、北京大学和清华大学设立研究院，中山大学成为中国最早设立研究院的三所国立大学之一。研究院设有文科研究所、教育研究所、农科研究所。农科研究所由农林植物研究所与原农学院的土壤调查研究所合并而成。农林植物研究所从此有了两块牌子，一个是国立中山大学农林植物研究所，一个是国立中山大学研究院农科研究所农林植物学部，既是研究单位，又是教学单位。

1938年，陈焕镛再度被聘为中山大学理学院院长兼生物学系主任，因抗日形势紧张，陈焕镛报请学校同意，于1938年1月将收藏在植物所的15万余号珍贵植物标本、4000余册中外文图书文献及各种仪器设备等分批运往香港九龙保存。后来由陈焕镛个人出资于1938年9月在九龙码头围道建成三层楼房一幢，设立香港办事处，继续开展研究工作。1941年年底，太平洋战争爆发，香港被日军侵占，由于标本、图书均有国立中山大学标志，被视为敌产，办事处被查封，标本、图书面临被掠夺的厄运。在困境中，汪伪广东教育厅厅长林汝珩建议陈焕镛将农林植物研究所迁回广州，愿意协助运返标本、图书，并将之前留存在广州的研究所公物一并交还。陈焕镛与全所职员共同商议后认为："与其慕清高之行为而资敌以珍藏，曷若利用权宜之措施以保存其实物，名城弃守，光复可期；文物云亡，难谋归赵，为山九仞，岂亏一篑之功；来日大难，当抱与物共存亡之念，赴汤蹈火，生死不辞，毁誉功罪，非所敢顾。"遂同意林汝珩的计划，但以纯粹科学机构自命，拒绝涉及政坛。几经波折，在1942年4月底将存于香港的标本运回广州，安置在康乐广东大学（原岭南大学）校园内，农林植物研究所易名为广东植物研究所，陈焕镛仍任所长，兼广东大学特约教授。为此陈焕镛多次奔波于穗港两地，使得植物所得以维持，研究工作得以延续。

陈焕镛在穗港两地保护标本和文献期间，农林植物研究所另一批员工在蒋英的带领下，随中山大学迁至云南澂江。1940年10月，又随中山大学迁至湖南宜章县栗源堡，距坪石校本部约15千米，蒋英任农林植物学部主任兼农林植物研究所代理主任，主持所务。

蒋英，江苏昆山人。1925年获得美国纽约大学林学学士学位，1928年到国立中山大学生物学系任教，兼植物研究室研究员。此后，他连续两年在珠江支流的东江、北江、西江流域采集植物标本，足迹遍及30多个县。1930年2月，经秦仁昌建议，蒋英被调至中央研究院自然历史博物馆，担任植物标本室主任，兼江苏、江西、云南、贵州等地植物调查队队长。1933年7月，蒋英回中山大学任教，协助陈焕镛发展农林植物研究所，开展科研工作。抗战期间，他协助陈焕镛将标本运至香港后，随中山大学辗转搬迁。蒋英主持农林植物学部和农林植物研究所期间，在抗战的艰苦岁月中，仍组织研究人员进行植物调查，带领研究生在莽山、衡山、阳明山一带采集标本，建立起新的植物标本室。1952年院系调整后，蒋英先后在华南农学院、广东林学院、中南林学院、广东农林学院任教。蒋英在植物调查方面作出了突出贡献，在植物分类学方面也有很多开拓性成果，主要著作有《中国植物志》第63卷和第30卷第2分册，详尽记载了中国夹竹桃科、萝藦科、番荔枝科植物，由他发现及定名的新种230个，新属10个。

张宏达在农林植物学部期间，是在蒋英的指导下开展工作的。主要是协助蒋英鉴定标本，并代蒋英上农学院的课，张宏达说："蒋英先生，他讲的是上海话，学生听不懂，只好让我去教。"

此时农林植物学部最主要的工作是对粤北和湖南的森林进行调查研究。农林植物学部迁到湖南后，即计划从事湖南省植物研究，并决定先从南部着手，于1942年5月到零陵的阳明山考察，1942年9月到莽山采集，1943年5月到衡山考察，至于栗源堡附近方圆60里的植物，亦作详尽搜罗。在此基础上，蒋英和张宏达合作发表了《湘南植物分布之概况》，这是张宏达正式发表的第一篇学术论文。张宏达从到达坪石起就开始从事粤北植物的采集，写成了 7.5 万余字的《广东北部植物》，但这本著作一直没有刊行。此时期农林植物研究所的研究成果还有《衡山植物分布初稿》《濂江植物志》《中国西南各省植物之研究》《亚洲夹竹桃科及萝藦科之专题研究》《中国药用植物研究》等。

在植物学部工作期间，张宏达两次独自出差采集标本，一次是莽山，一次是衡山。1942 年 9 月，张宏达进入莽山，恰逢秋雨连绵，又罹痢疾，被迫下山。1944 年6 月，在日军为打通粤汉线疯狂进犯长沙之际，张宏达第二次到南岳衡山考察，先后宿于广济寺和方广寺，采得标本 200 余号。6 月底，日军进陷长沙，窥伺衡阳，张宏达幸得南岳农校校长张农教授通知，仓促下山。当时日军活动频繁，张宏达昼伏夜行，两天后才返回坪石。关于这次考察，张宏达曾赋诗记之：

南岳方广寺苦雨

一九四四年五月

炉香无烬案封尘，几杵疏钟伴客鸣。

云凝雾结添淅沥，蝉鸣鸦噪二三声。

山下倭骑烧杀抢，人间何处有桃源？

昂藏七尺空惆怅，收拾书剑挽长缨。

1944年4月，任国荣被聘为生物学系主任，因董爽秋和黎尚豪都已离开中山大学，植物学教师只有于志忱一人，缺乏授课教师，很多植物学课程无法开课，于是当年10月，张宏达从植物学部调回理学院生物学系，晋升为讲师，接替董爽秋留下的两门课程。

此时战事又紧，日军为打通粤汉线进犯粤北，生物学系的教师都在做疏散的准备，到处找转移师生的房子。任国荣派张宏达去仁化寻找地方。到仁化后，通过韶州师范学校校长黄焕福（国立中山大学生物系第一届毕业生，任国荣的同学）与仁化县当局联系，寻求当地人士的帮助，用了一个月左右的时间，最后在距仁化50里的扶溪找到了疏散用的房子。

1945年1月16日，坪石陷入日军包围，学校仓促通告紧急疏迁。1月21日，学校师生转移到仁化，分赴石塘、仁化县城、扶溪等地。仁化各地紧邻前线，日军曾窜到扶溪骚扰，中山大学在这里无法安顿下来，3月，又转移到梅县。3—4月，为了找地方复课，张宏达、黄维康曾跟随任国荣到兴宁，通过罗雄才（原国立中山大学理学院化工系教授，时任广东省兴宁高级工业职业学校校长）帮忙找房子，最后还是决定在梅县复课，在城西找到一处房屋作为理学院的教室，于4月18日复课。

张宏达租赁梅县城西杨屋居住，同住的有李国藩、地理系的林趁、物理系的黄杏文、化学系的张昌佑。张宏达要开课，又没有一本参考书，他从同学黄焕照那里借到一本董爽秋编的低等植物学讲义，可是书中无图，后来打听到梅县城北的广东省立高级农业学院图书馆里有一本美国出版的淡水藻专著，便每天去那里绘图，贴在讲义上，作为教学参考，先后共绘了几百张图。后来又独立完成了《下等植物分类学》讲义，12万余字（未刊行）。

在烽火连天的岁月里，中山大学全体师生坚持学人本色，教学、研究、读书都没有停顿过，在国难深重的岁月里，使科学事业得以薪火相传。师范学院博物系、农林植物学部、生物学系，从云南到粤北、湘南，始终坚持教学和科研工作，即使在战火的间隙，一有机会，便开展对当地植物的调查工作。张宏达形容那时的生活："日本人赶来了，我们就跑，他不来了，我们就做。"这质朴的语言中，表现出科学工作者对事业的忠诚和对祖国的热爱。在这种困难的情况下，虽然张宏达仅有一篇论文发表，但对于广东北部植物和山茶科植物的研究都已打下了重要的基础。

1945 年 8 月 15 日，日本宣布无条件投降，张宏达与中山大学师生、当地民众一起，欢庆中华民族的胜利。

春来发几枝

经过 7 年的颠沛流离，1945 年 10 月，中山大学迁回广州。1949 年 10 月 14 日，广州宣告解放。1949 年 10 月 13 日晚，广州解放前夜，因广州市内秩序混乱，张梦石住到张宏达家里。回忆当时的情形，张梦石说："外面枪声砰砰，张宏达夫妇的心情和我一样都希望解放军快到，广州早日得到解放。"张宏达这一代知识分子，经过军阀割据、抗战、内战，在动荡的社会环境中报国无门。中华人民共和国成立，揭开了中国历史的新篇章。早已把自己的命运和祖国的命运结合在一起的知识分子，对国家和民族的未来充满希望，满怀激情地投入工作中。

1949 年 11 月 2 日，中国人民解放军广州军事管制委员会文教接管委员会正式接管中山大学。1950 年 1 月 20 日，中山大学成立临时校务委员会，首要任务是医治战争创伤，稳定局势，恢复学校正常的教学、科研和管理工作。1951 年 9 月 9 日，中央教育部批复中南军政委员会教育部：经政务院核定，公立学校概不加冠"国立""省立""县立"或"公立"字样，"国立中山大学"改称"中山大学"。

1951 年，根据国家建设和高等教育发展的需要，开始了全国范围内的院系大调整。中山大学的院系调整分两次，第一次为 1952 年在广东省范围内的调整，原中山大学工学院、农学院、医学院、师范学院被划出，与岭南大学、华南联合大学的有关科系合并在一起，分别成立了华南工学院、华南农学院、华南医学院、华南师范学院。新中山大学主要以原中山大学和岭南大学的文理学院构成，岭南大学生物学系并入中山大学生物学系，使生物学系的师资队伍得到加强。第二次为 1953 年在中南区高等学校院系调整委员会指导下的调整，这次调整中，理学院的建制取消。

院系调整后，中山大学以广州东南郊康乐村（原岭南大学校址）作为新校址。1953 年 10 月 21 日，中山大学从石牌迁到新校。

中华人民共和国成立后，高等学校的教学和管理工作全面引入苏联模式，具体措施有：改变原有系科，重新设置专业，由按系招生改为按专业招生。按照这种模式，中山大学生物学系进行了一系列变革。1950 年 8 月，生物学系新设植物学、动物学本科专业，取消原生物学专业，首批植物学、动物学专业本科生入学，原来的二至四年级学生也重新选择进入植物学组还是动物学组。1952 年，生物学系本科学制改为 5 年。

张宏达个人认为，学习苏联模式办大学，有了严格的组织制度和周密的计划，改变了科研和教学人员一盘散沙、各做各的局面，对促进教学和科研工作是很有意义的。1950 年 2 月，刚刚解放 4 个月，中山大学还处于过渡时期，张宏达就晋升为副教授。他先后担任植物形态解剖学、植物生态学、地植物学、普通生物学、高等植物分类、低等植物分类等多门基础课的授课和实习指导工作。

教学工作之余，张宏达非常热心系里的各项事务。1949 年 11 月，中山大学为军管时期，生物学系由 3 人领导小组管理工作，戴辛皆任组长。此后的 1 年零 10 个月里，生物学系没有设立系主任，不可避免地影响到生物学系教学工作的正常开展，张宏达和系里其他老师多方奔走，想早日解决这一问题，曾多次向当时中山大学军管会联络小组组长、校务委员会代主任刘渠提出意见。在全系师生的争取下，最终在 1951 年 9 月，于志忱被任命为生物学系主任。

1953 年 3 月，中山大学全面实行系主任负责制，将系作为教学的行政单位，制定《中山大学"系"工作暂行条例》，生物学系由戴辛皆担任系主任。为协助系主任的领导工作，各系成立系委会，张宏达被推为系委会委员。

1953 年 9 月底，生物系开始设立教研组，动物学教研组和植物学教研组相继成立，于志忱任植物学教研组主任，1954 年 8 月改由张宏达担任。从这时起，直到 1992 年，张宏达一直担任植物学教研组（室）的负责人。

1954 年冬天，中山大学开始推行生产实习的制度，这也是学习苏联的一个举措，每年安排三年级的同学进行生产实习。此时生产学习制度强调专业性，生产是手段，而不是目的，植物学专业的生产实习主要以植物资源调查的方式进行。1956 年夏天，张宏达带领当时就读三年级（1957 届）植物学专业同学，到雷州半岛进行生产实习；1957 年 7 月，张宏达和吴印禅一起，带领 1958 届植物学专业同学到英德滑水山、温塘山及英德全境开展植被调查，写成 6 万字的《英德植被调查报告》。这两次考察都是中华人民共和国成立后中国科学院组织进行全国资源普查工作中的一个重要部分。对植物学专业学生而言，生产实习达到了将理论较好地与生产实践相结合的目的。

1956 年 1 月，中央召开关于知识分子问题的会议。周恩来代表党中央明确提出了"向现代科学进军"的号召。周恩来指出："高等学校中的科研力量占全国科学力量的绝大部分，必须在全国科学发展计划的指导之下，大力发展科学研究工作，大量培养合乎现代化水平的科学和技术的新生力量。"在"向现代科学进军"的热潮中，高等教育出现了教学和科研并重的办学特色。

1956 年 10 月，生物学系制订了《1956—1957 学年度教学工作计划》，在教学工作、科研工作和师资培养等各方面都进行了详细而合理的规划。对教学工作进行了大胆改革：停开或合并一些课程，以便学生能有更多的时间自由支配，培养和提高学生独立工作能力；规定教研组要坚持备课小组制度；改变实验课的包办代替以及时间安排上的机械做法，重视理论联系实际和培养学生独立工作的能力；继续贯彻对学生全面负责制，强调每一位教师不但是科学家，而且是教育家，在教学和生活中教导学生深入专业知识领域外，还要注意培养他们深入思考和独立工作的能力，以及共产主义道德品质修养。该计划强调科研工作的重要性：拟于当年建立 3 个研究室，即昆虫学研究室、寄生虫学研究室和高等植物研究室；坚持举行小型教学组和室系性的科学讨论会；规定各教研组在制订或修订教师个人科学研究计划的基础上，制订出本学年教学研究组科学研究计划要点；强调要保证教师有 5/6 时间进行业务工作。在师资培养和提高方面，该计划一方面注重充分发挥老教师的力量，提出要建立师传带徒弟的制度，也可考虑由几个老教师共同培养一个新教师，要求老教师应有较多的时间指导研究生、进修生和毕业论文；另一方面则有计划地培养新生力量。

按此计划安排教学和科研工作，将使生物学系有较快的发展。然而，1957 年 6 月，"反右"开始，破坏了学校的正常工作秩序。同年 10 月，中山大学进入整改阶段，植物学整改的核心内容就是"精简教学内容"，使教学、科研工作受到很大影响。

1958 年 6 月，中山大学提出了改革教学与科研的"双改运动"，重心是"政治挂帅，开展教学和科研""到生产劳动中去"。"双改运动"开展起来后，中山大学全体师生放下书本，转而投入生产劳动中。同年 9 月，中共中央和国务院发布《关于教育工作的指示》，制定了教育必须为无产阶级政治服务、必须与生产劳动相结合的方针。在这种形势下，从 10 月开始，生物学系 350 多名教工和学生下乡到广州市郊新滘人民公社，参加为期两个月左右的劳动。

传统上以植物分类学、植物群落学研究为基础的野外考察受到批判，认为不解决生产中的实际问题。顺应形势,1959年9月,张宏达带领1960届植物学专业学生进行野生资源普查,主要目的是调查罗定县(今罗定市)鸭刀山的药用植物资源。

1960年4月,中山大学掀起新一轮教育改革运动,生物学系提出了以下几项措施:①暂停植物学、动物学专业招生,调整为生物地理学专业,张宏达任生物地理学教研组主任;②继续大幅度削减专业课、基础课,大量增加政治课;③撤掉系主任,实行系党总支领导下的系务委员会负责制。

教学改革运动后,中山大学与相邻的广州市新滘人民公社制定了"长期挂钩,全面协作"的方案,生物系师生被安排到新滘人民公社小洲农场、凤凰大队养猪场等地下乡,支援农业生产。1960年8月,生物学系、化学系师生共600多人奔赴花县(今花都区),帮助农民插秧。11月,张宏达带领生物地理学专业同学40余人,到高州团结农场及广潭大队进行教学与生产、劳动"三结合",近一年时间,生物学系没有正常的上课。

1961年1月1日,中共八届九中全会正式通过"调整、巩固、充实、提高"八字方针,开始对社会经济进行全面整顿。1月,教育部在北京召开全国重点高等学校工作会议,着重研究在教育界贯彻执行"调整、巩固、充实、提高"的方针。3月，教育部开始起草《教育部直属高等学校暂行工作条例（草案）》（简称《高教六十条》）。《高教六十条》针对当时教学质量降低、劳动过多等主要问题，规定了高等院校必须以教学为主，努力提高教学质量，对纠正高等教育中的混乱情况产生了正面的影响。

在1961年3月开始的新学期里，生物学系开始大力加强四年级同学的基础课学习。张宏达带领学生从高州回校复课。回校后，马上为大四同学进行了紧张的补课，短短的四个月时间里，为大四学生开设了植物形态学、植物解剖学、植物系统分类学和植物生态学等基础课程。

在1961年下半年的招生工作中，生物学系将专业重新调整为植物学与植物生理学、动物学与动物生理学、生物化学，同时，在各专业下设置专门组，地植物学专门组被确认为生物学系的重点专门组。学校初步确定了八个学科为科学据点（即重点学科），其中包括生物学系的昆虫学、地植物学两个学科。学校要求学科据点逐步实现三个"成套"：人员成套、资料成套、仪器设备成套；实现"五定"：定方向、定人员、定任务、定设备、定制度。"学科据点"的确认，使植物学专业得到有力的扶持，日后得以发展为国家重点学科，张宏达作为植物学教研组的主任，以后发展成为学科带头人。

1961年秋天，张宏达开始招收研究生，首届招收黄培佑等3人，1962年招收翟应昌1人。1961年12月1日，张宏达晋升为教授。

1962年1月，中山大学第二届校务委员会成立，张宏达和生物学系的于志忱、戴辛皆、蒲蛰龙等人担任校务委员会委员。此时，系内各教学研究组正式统称教学研究室，张宏达任植物学教研室主任。在植物学教研室的管理工作中，张宏达非常重视青年教师的培养，为他们的成长创造了很多机会，鼓励助教尽快登上讲台。张宏达对学科建设有长远的打算，由于这时吴印禅已经因病去世，生物学系在低等植物方面的师资比较薄弱，为了改善这种局面，在张宏达的建议下，生物学系先后把1959年留校的李植华和钟恒送到外校培训，派李植华学习苔藓，钟恒学习真菌，以后两人都成为各自领域的专家。

1963年，中山大学历史上第一个自然科学学术委员会成立，由19名学术委员组成，生物学系于志忱、戴辛皆、张宏达、蒲蛰龙当选。野外考察工作开始恢复，

1961年冬天，张宏达带领研究生去海南岛考察植被，先后到达吊罗山、尖锋岭，并于翌年元旦登上五指山。1963年，带领1964届同学到海南霸王岭实习，1964年7月，带领1965届植物学专业同学赴粤北五指山林场实习，在山脊发现大片的乐东木兰，并发现了樱井草，共采得300余号标本，同时在林区内测定了莽山常绿林树种的蒸腾、呼吸及光合作用，开展了实验生态学的研究。

1961年12月5日，经广东省高等教育局批准，张宏达就任生物学系副主任。1962年2月，在《高教六十条》精神指导下，中山大学重新启用系主任负责制，张宏达与系主任戴辛皆密切配合，通力合作，领导生物学系的教学和科研工作。

戴辛皆，又名平舆，字笠，湖北省云梦县人。著名生物生理学家。1917年毕业于武昌高等师范学校，1928年赴法国留学，1933年获里昂大学生物学博士学位，曾任职法国海军部海滨生物研究员。1933年秋回国，任北平研究院研究员、生理研究所研究员、青岛观象台海洋研究所研究员，在青岛从事船底附着生物研究，1936年8月，受聘为国立中山大学理学院生物学系教授。

戴辛皆担任生物学系主任后，着力推进师资队伍的建设，尤其是在培养青年教师和研究生等方面做了很多工作，他力主聘请蒲蛰龙和利翠英两位教授到生物学系任教，延请费鸿年重返中山大学，筹办海洋生物学专业，并选送一批优秀教师去苏联学习。他积极开展教学工作和科研工作的改革，能紧跟当时的形势，在特定的历史环境下，对生物学系的发展是有利的。他能把握教育工作和科学发展的客观规律，在各种运动频繁的环境下，尽量推动和保障教学和科研工作的正常开展。

1936 年，戴辛皆来生物学系任教时，张宏达是他的学生，曾听他讲授生理学等专业课程。中山大学坪石时期，张宏达在研究院农林植物学部工作期间，每周回坪石度周末，经常到戴辛皆家里打牌，两人感情很好。张宏达回到生物学系任教，二人成为同事，在抗日烽火中，和生物学系其他老师一起，坚持教学工作。在坪石失陷前夕做疏散准备的过程中，张宏达和戴辛皆等人一起寻找疏散地点，做迁校准备，在战乱中结下了深厚的感情。张宏达被任命为生物学系副系主任后，在行政工作上和戴辛皆密切合作。在别人眼中，他是戴辛皆的得力助手，两人共同对系里的教学、科研及其他各项工作进行决策，使生物学系的工作得以正常开展。

1946 年，国民政府教育部颁布《废止大学研究院暂时组织规程》，并制定了《大学研究所暂行组织规程》。中山大学各研究院自1947年起取消，所属研究所由各学院兼办。农科研究所农林植物研究学部改称植物学研究所，划拨理学院管理。主任由陈焕镛兼任。生物学系植物学教师都兼任研究所的研究人员，植物研究所下设分类学部（主任吴印禅）和生理细胞学部（主任于志忱），张宏达被聘为副研究员。

中华人民共和国成立初期，植物研究所仍隶属于中山大学，陈焕镛担任所长，同时兼任广西大学经济植物研究所所长。

1952年10月19日，广西大学校长呈文中南军政委员会教育部，提出经济植物研究所与中山大学植物研究所合并的意见，并建议合并后由中山大学或中国科学院领导。1953年8月22日，中国科学院计划局局长钱三强在院常务会议上提出，考虑接收中山大学植物研究所、广西大学经济植物研究所。11月4日，中山大学呈文中国科学院，同意将植物研究所改归中国科学院领导，该所标本、藏书、仪器等财产全部无偿转给中国科学院。1954年5月1日，植物研究所正式从中山大学生物学系划出，改名为中国科学院华南植物研究所，归属中国科学院领导，所长陈焕镛，副所长吴印禅。

植物研究所隶属于中山大学时期，生物学系植物学专业的教师都兼任研究所的研究工作，院系调整后，部分研究人员被分配到华南农学院，划归中国科学院后，所里的研究力量又有所削弱。因此，吴印禅和张宏达都同时兼任中山大学的教职和华南植物研究所的工作，他们的工资由中山大学与华南植物研究所各出一半。张宏达在该所的兼职一直持续到1960年，作为陈焕镛的得力助手，承担了很多工作。

1953年7—9月，中国科学院组织召开各学科的座谈会，讨论学习苏联，发展中国科学的问题，张宏达陪同陈焕镛到北京参加这次座谈会，讨论在植物学领域如何学习苏联的问题；1954年7月，张宏达再次陪同陈焕镛到北京参加"中国科学院学习苏联先进科学经验交流座谈会"。华南植物研究所学习苏联先进经验的主要内容有两项：一项是俄文学习，当年8月部分研究人员参加了华南师范学院的俄文速成学习班，通过学习，研究人员90%以上通过了，学者都能掌握基本文法，并能阅读专业书籍。另一项内容是学习米丘林学说，1954年在张宏达的主持下进行，要求全体研究人员参加，每周学习3小时。

划归中国科学院之前，研究所主要从事单一的植物分类学研究，1951年12月29日《中山大学理学院植物研究所概况》一文中反映了当时所内研究人员正在进行或已完成的研究，如陈焕镛、侯宽昭的《鱼藤属植物新种记载》，何椿年的《中国五加科植物补志》，张宏达的《中国紫珠属植物之研究》，贾良智的《中国素馨属植物之研究》，以及黄成就的《中国拢牛儿苗科植物之研究》。同时陈焕镛最为重视的是植物志的编纂工作，先后纳入工作计划的有《广州植物志》《华南植物志》《海南植物志》等。

中国科学院接收华南植物研究所后，将该所研究任务与方向确立为华南热带亚热带植物资源的发掘利用、引种驯化和保护研究，单纯进行植物分类学研究已经不符合形势的要求。在1954年制定的《华南植物研究所1954年至1957年工作计划纲要》中，将调查热带林作为中心工作，同时开展热带植物的引种和栽培。1955年，原中国科学院植物研究所副所长肇骞被调到广州任华南植物研究所副所长，协助陈焕镛改组华南植物研究所。他非常重视在生态学和地植物学方面培训干部，之后，华南植物研究所先后筹建生态地植物学研究室、植物生理学研究室、植物资源研究室。在生态地植物研究室的筹建过程中，他非常倚重张宏达的学术能力，也给予了很多支持和帮助。

张肇骞学术思想活跃，非常重视学科间的协作与渗透。他强调，植物分类学和区系学的发展必须从"量的增长到质的提高"；描述性植物分类学固然重要，而单纯追求发表新种的做法束缚了年轻人的成长。他还着手建立古植物学组织，以便为地层鉴定、矿产开发及研究植物的进化提供理论依据。张宏达同样是在科学上勇于创新的学者，对张肇骞这些观点非常赞同，常向他请教。据原广东省生态学会秘书长张社尧（张肇骞的女婿）回忆，在 20 世纪五六十年代，张宏达常去张肇骞家里拜访，对他非常尊重。

张宏达在筹建生态地植物学研究室方面做了很多工作，该研究室于 1955 年成立，张宏达在 1960 年前任研究室负责人。

关于张宏达是否曾出任生态地植物学研究室主任，现有说法存在争议。在华南植物园八十周年出的《园庆文萃》中，陈德昭的《往事追忆》一文和伍辉民的《纪念植物学与植物生态学家王铸豪研究员》一文中都指出当时是何绍颐、王铸豪、周远瑞 3 人负责筹建生态地植物学研究室。自 20 世纪 50 年代开始就在华南植物研究所工作的吴德邻和伍辉民都说张宏达没有担任室主任职务。同样从 20 世纪 50 年代即在该所工作的何道泉则指出，20 世纪 50 年代，张宏达负责筹建华南植物研究所生态地植物学组（生态研究室前身），并长期指导该室工作，但没有提及张宏达担任室主任职务。然而，张宏达的弟子和学术合作者王伯荪从 20 世纪 50 年代就与张宏达有密切合作，据他回忆，那个时期张宏达在华南植物研究所担任生态研究室主任。

上述材料都出于个人回忆，张宏达不同时期填写的履历表是更可靠的依据。张宏达分别在 1960 年、1979 年、1987 年填写了 4 份履历材料，都写明他在 1954—1960 年担任生态地植物学室（组）负责人。其中 1960 年填写的《高等学校确认与提升教师职务名称呈报表》，年代较早，记忆可靠，且当时人们对组织上要求填写的履历表态度非常认真，填写的内容一般都是真实的。由此可见，张宏达在 1954—1960 年确实负责生态地植物学研究室工作，并被任命为主任。

生态地植物学研究室筹办前后，正值国家提出要开展"华南热带、亚热带生物资源综合科学考察""橡胶宜林地调查"和"植物资源调查"等工作，生态地植物学研究室由此提出了"通过参加国家任务带动学科发展"的策略，积极参加这些调查活动。1956 年，中国科学院进行中国各大区综合资源调查，将雷州半岛的植被调查工作委托给华南植物研究所。张宏达带领1957届植物学专业同学完成了这项任务。当时植物生态学在中国还没有得到充分的发展，华南植物研究所的研究人员都是从分类学转而研究生态学，而张宏达已经在生态学方面做了很多工作，并在中山大学生物学系开设了植物生态学的课程，因此华南植物研究所生态学的工作，张宏达和中山大学植物学专业的同学承担了很多。

对于建立生态地植物学研究室，陈焕镛有些不同意见。陈焕镛一直专注分类学研究，筹建新的研究室，需要抽调很多分类学研究室人员。从学科发展的角度来看，这是大势所趋，但陈焕镛觉得分类学是该所的优势方向，如果抽调太多人手，分类学研究室的优势也被无形中削弱了。他从美国回来就建立了植物研究所，希望能守住植物分类学的阵地。据陈德昭回忆，1959年侯宽昭去世时，陈焕镛有失去臂膀之痛，情绪有些激动。一次，他含泪向吴征镒谈及华南植物研究所的学科阵容和建立镇守南大门、作为对外窗口的全国最大植物园的设想和计划尚缺得力助手的困难处境，希望吴征镒能向时任中国科学院副院长竺可桢反映。中国科学院非常重视陈焕镛的意见，后来从武汉植物园调来陈封怀以及刘玉壶、吴容芬夫妇和胡启明、李应兰夫妇，从昆明植物所调来黄成就，以充实分类学研究室，使在北京主持《中国植物志》的陈焕镛无后顾之忧。

在植物研究所工作期间，张宏达最大的收获是遇到了他一生中最重要的老师——陈焕镛。

陈焕镛，广东新会人。1919年在美国哈佛大学森林学系获得硕士学位。1920年任金陵大学农学院森林学系教授；1921年受聘国立东南大学教授；1927年受聘国立中山大学，历任理学院植物学系教授、农学院林学系教授、生物学系主任、理学院院长；1954年任华南植物研究所兼广西分所所长。

陈焕镛于1955年当选为中国科学院生物学部委员，是中国近代植物分类学的开拓者和奠基人之一，对华南植物区系有精湛的研究，对中国樟科、壳斗科、绣球花科、苦苣苔科、桦木科和胡桃科等方面的分类有深厚造诣和开创性见解。发现的植物新种达百种以上，新属10个以上，其中银杉属和观光木属的发现在植物分类学和地史研究上有重大科学意义。

陈焕镛是中国植物调查采集的创始人之一。早在1919年，他就赴海南岛五指山区采集，成为登上祖国南部岛屿采集标本的第一位植物学家。20 世纪 20 年代，他到湖北、广东、香港、广西、贵州等地采集标本，还与英国、美国、德国、法国等多个国家的学者和标本馆建立标本交换关系，积累了相当数量的标本。1928 年，在中山大学植物研究室创建了中国南方第一个具有一定规模的植物标本馆。

陈焕镛不仅是中国植物分类学的先驱和权威，在国际学术界也享有很高的声望。1930 年，陈焕镛作为中国植物学家代表团团长，出席在英国剑桥大学召开的第五届国际植物学会议，并代表中国植物学家向大会致贺词，会上作了题为《中国近十年来植物学科学发展概况》的专题报告，述及中国植物学的发展以及中国学者的奋斗及开拓精神，得到与会者的重视，因而大会将中国植物研究列为重要议题之一，且为中国在国际植物命名法规审查委员会中争得两席，他和胡先骕被选为该委员会委员，成为中国加入国际植物学会及成为命名法规委员会成员国的开端。1935 年，陈焕镛应邀出席在荷兰召开的第六届国际植物学会大会，被选为国际植物学会分类组执行委员会委员和植物命名法规小组副主席。

1971 年 1 月 18 日，陈焕镛在广州沙河人民医院病逝。

陈焕镛到中山大学后，先后分别在生物学系和林学系任教，在生物学系的任教分三个阶段：1928—1930年、1938—1939年（虽受聘，但不久广州失陷，遂滞留香港）、1947—1954年。因此张宏达读书时，未曾亲炙于陈焕镛。但自从进入植物研究所，张宏达就把陈焕镛看成他一生中最重要的老师。这一时期，是张宏达确定学术发展方向的时期，也是他植物分类学研究的奠基时期，因为有了陈焕镛的指点，他才能在学术上迅速有所建树。所以他说："归根我是陈老的学生，我的老师董先生、张作人先生反倒是次要的，因为我的研究工作是研究所为主的，所以我还是认陈老是我第一老师。"他也自认为是陈焕镛的得意门生，认为当时在陈焕镛身边工作的人，称得上是陈焕镛弟子的，除了侯宽昭、何椿年，第三个就是他。

张宏达将陈焕镛的执教风格概括为：你不做，他不管你；你做，他帮你。对学术上特别投入、特别认真的年轻人，如果想做一点研究工作而求助于他，他会给予热情地帮助。

刚到研究所工作时，张宏达没有方向，征求陈焕镛的意见，陈焕镛对他说："你就搞金缕梅，你的老师董爽秋就是在德国搞金缕梅，他现在不搞了，你就跟上去吧。"张宏达认为陈焕镛的这个建议对他的帮助特别大。金缕梅科于 1818 年建立,最初只有 4 属 20 余种,现在已经发展到 27 属 140 种,金缕梅科植物在外部形态、花粉形态等方面的强烈分化,使它成为植物学家探讨被子植物起源与早期分化的重要类群,也是当前植物系统学家研究的热点类群之一。张宏达继承和发扬了董爽秋对金缕梅科的研究,进一步做了大量工作,他在这一科中发表了两个新属:山铜材属和半枫荷属。他建立的金缕梅科分类系统有较大影响,是这一科公认比较科学的分类系统。对于听从陈焕镛的建议开展金缕梅科研究,后来回忆起来,张宏达感慨地说:"我走这条路,走对了。"

张宏达说,他跟随陈焕镛从事分类学研究后,发表过好几个新种,陈焕镛不跟他争,因为陈焕镛已经成名成家,更乐于把机会让给学生。开展对金缕梅科的研究后,很快张宏达发现了一个新属。他十分激动地告诉陈焕镛,陈焕镛兴奋地拍着他的肩膀说:"你真走运",因为这个标本陈焕镛自己用过,但他没有发现。张宏达想跟陈焕镛一起发表,陈焕镛说:"你发现的,当然你发表。"1948 年,张宏达写成论文 *Additions to the Hamamelidaceous Flora of China*(《金缕梅科植物补遗》),

陈焕镛亲自为他修改英文句子和拉丁名词，让他把论文发表在 *Sunyatsenia* 第 7 卷 1—2 期上。在这篇论文中，张宏达把这个新属命名为陈琼木属（*Chunia*，即山铜材属），以此来表达对陈焕镛的崇敬之情。这是他发表的关于金缕梅科的第一篇论文，一举树立了他在这一领域中的地位。

张宏达说，陈焕镛在研究过程中，定下了许多新种和新属，从不急于发表，而是反复推敲求证。以观光木属为例，从发现到正式发表经过了十几年的观察。写作学术论文，必每字每句反复斟酌，有疑难处，必博考群书，方才命笔。每写成一篇论文往往要改三四稿，甚至经过五六次修改才肯定稿，从不草率行事。这样严谨的治学精神，对张宏达有很深的影响。中华人民共和国成立初期，他曾在一份材料中写道："他在学术上的成就，大大地鼓励了我；他诲人不倦的精神，使我在研究工作上奠下了稳定的基础。我承认，我今天的植物分类学上的成就，完全是他给予的指示和启迪，在我以后的事业上，的确忘不了他。"

在此之前，张宏达曾一心想出国留学，像自己的老师一样，到生物学发达的国家去深造，再回来报效祖国。自从加入了植物研究所，得到陈焕镛的指导，张宏达开始对研究中国植物区系充满理想与信心，"自认为找到了做'专家'的门径，决心从事区域性的研究，留学的念头稍微看得淡了。我常自许十年以后，一定要在这方面成为独到的专家！"张宏达说。

张宏达曾多次表达对陈焕镛的感激和崇敬之情，他在诗稿《萍踪琐记》（未刊手稿）中写下："陈老有如海纳百川，不拘一格，显其博大精深，众望所归。陈老在中华人民共和国成立后曾受到委屈，他毫不介意，一心忙他的工作。陈老有十多位得意门生，对我这不速之客同样关心，经他指导，我才有可能登大雅之堂。"

年事已高的张宏达，有很多往事已经淡忘了，但他对陈焕镛的感激之情从未磨灭，他说："我就是陈老的学生，陈老也愿意把我当作他的学生……"一语未尽，已哽咽难言。张宏达生性平和豁达，很少如此激动，这未尽之言中包含的是对老师深沉的感激之情。

从中华人民共和国成立到改革开放前，是张宏达的第一个科研收获期。他首先是植物分类学家，但是很早就开始了对植物生态学的研究，后来又发表了极具创见的"华夏植物区系学说"。可以说，他的学术成果集中于分类学、生态学、区系学三个方面。这一时期，他在这三方面的研究都已经有重要成果出现，其中很多在他个人学术生涯中具有里程碑的意义，如金缕梅科的研究几告圆满，树立了他在这一领域中的权威地位；对山茶科的研究非常深入，有两个新属和大量新种发表；《华南植物志资料》对广东植物的系统梳理，一方面是分类学上的重要成果，另一方面启发了他对广东植物区系研究的灵感，促使他最终提出华夏植物区系学说；对鼎湖山和雷州半岛的植被调查工作，不但有学术上的意义，而且对生态保护影响深远。这其中，除了张宏达个人因素，也有大环境的原因。中华人民共和国成立后，为解决民生问题，政府非常重视植物资源的调查和开发，这直接促成了雷州半岛的植被调查工作，而不管是对经济植物、药用植物的调查还是引种和栽培等工作，都必须有分类学的工作为基础，植物学家的工作价值得到了社会的重视。

从张宏达 1951 年填写的《广东省公私立高等学校教职员概况表》"学术研究（研究计划及进行情形）"一栏中，可以看到他此时正在进行研究的科目和进展情况："①中国金缕梅科植物之研究：第一阶段工作已结束并将结果刊于中山大学植物研究所专刊（西文）第七卷，第一阶段亦告完毕；②中国紫珠属植物之研究：本文由1950 年 6 月间开始，现已脱稿；③中国灰木科植物之研究：开始。"这是中华人民共和国成立初期，张宏达研究的主要内容，可见，这时他工作的重点还是植物分类学。

此时张宏达跟随陈焕镛工作，而陈焕镛非常重视植物志的编写，视之为植物学科研和植物资源开发利用的工作基础。在尚不具备编写全国性植物志条件时，陈焕镛提倡先做地区性、分科性的植物志，组织华南植物研究所的研究人员将各科属的植物加以系统整理，以为将来编撰《中国植物志》提供参考资料，并先后启动《广州植物志》《海南植物志》的编撰工作。张宏达这一时期在分类学领域的多数研究实际上是为编撰《中国植物志》所做的准备工作，主要有以下成果。

紫珠属植物：成果《中国紫珠属植物之研究》于1951年发表，将1753年以来所发表的中国紫珠属植物加以整理，发表了少花紫珠等8个新种。

鼠刺属植物：《中国的鼠刺属植物》于1953年发表。同样是为《中国植物志》参考而作，资料取材于中山大学植物研究所标本室，记载了中国鼠刺属植物12种，3变种及1型。

金缕梅科植物：据《中山大学1955年科学研究工作总结》统计显示，该年度中山大学进行的科研项目有 202 个，报告评价在已完成的项目中达到国内领先水平的有 5 项，其中 4 项属于社会科学领域，自然科学领域仅有 1 项，即张宏达的《中国金缕梅科植物之研究》。当时成果尚未发表。之后，张宏达继续对中山大学、中国科学院植物研究所、华南植物研究所及南京中山植物园所藏标本进行研究，不断充实自己的成果，发表了《中国金缕梅科植物补志》Ⅱ—Ⅲ、《中国金缕梅科一新属》，还在《华南植物志资料》系列论文中发表了金缕梅科的 9 个新种。

《中国金缕梅科植物补志》Ⅱ—Ⅲ主要记载金缕梅科的新种和新变种，共发表小叶金缕梅等 9 个新种、5 变种，对壳菜果属和檵木属进行修正和补充说明，取消了美国植物学家梅乐尔（E. D. Merrill）发表于 1930 年的新种 *Liquidambar edentata*，从它的叶片特征鉴别，断定它是檵科檵属下的一个种（后定名为岭南檵）。1962 年的《中国金缕梅科一新属》，发表了半枫荷属和新属下的 5 个种，新属的特征介乎枫香属与阿丁枫属之间，张宏达认为可能是自然杂交的产物。

1973 年，《中国金缕梅科植物订正》一文发表。此文是张宏达在编写《中国植物志》的过程中，对金缕梅科的标本和资料进行全面整理的基础上完成的，记载有 17 属、77 种、13 个变种。该文提出了金缕梅科的一个新分类系统，在哈姆士（Harms）分类系统基础上建立了壳菜果亚科，包括壳菜果属和山铜材属，将半枫荷属归入枫香亚科内。这个分类系统被公认为金缕梅科较为科学的分类系统，正式奠定了他在金缕梅科的权威地位。

山茶科植物：张宏达对山茶科的研究始于民国时期，中华人民共和国成立后，研究进一步深入，成果陆续发表。1954 年，发表了《中国柃属植物志》，提出了柃属植物分类的主要特征，记载柃属植物 59 种、9 变种及 5 型，其中 13 个新种。1961 年，《广东一油茶新种》发表了新种高州油茶。1963 年，《山茶科一新属——猪血木属》发表了山茶科单种属植物猪血木，此物种现为珍稀濒危物种，由于其木材结构细致，适用于建筑用材，且主要在人类活动频繁的乡村分布，人类的干扰造成其数量急剧减少。目前只在广东阳春的鹅凰嶂自然保护区尚存，为世上仅存的一个居群，已被列为国家二级保护植物。此物种张宏达曾在 1959 年 11 月中山大学第四次科学讨论会上发表，最初命名为时珍木属。1963 年 10 月，《华南山茶科植物一新属》发表了拟核果茶新属（*Parapyrenaria*，新拟名多瓣核果茶属）。1976 年，《圆籽荷属——山茶科一新属》发表了圆籽荷属，包括一个新种圆籽荷。

《华南植物志资料》系列研究：1959—1963年，张宏达发表了《华南植物志资料》Ⅰ—Ⅳ系列论文，在这4篇论文中，张宏达发表了大量新种，包括樟科植物17个、山茶科植物15个、鼠刺科植物1个、金缕梅科9个、冬青科1个、鼠李科1个、山毛榉科3个、马鞭草科2个、木兰科5个。

《华南植物志资料》的研究源自中山大学生物学系《广东植物志》的编写，"大跃进"时，生物学系提出"打破传统的束缚，实行群众动手编志的创举"，组织10位教师和21位同学，仅用半年时间完成了500万字的《广东植物志》初稿。编写《广东植物志》被当作是"科学研究工作中山大学搞群众运动"的先进典型被推广，认为"把它和41位世界有名的分类学家花了将近40多年编写的《印度支那植物志》比起来是不会逊色的"。但客观来讲，《广东植物志》是特定历史时期和特殊政治环境的产物，片面强调群众参与，编写人员中，虽然有吴印禅和张宏达这样对广东植物区系有比较深入认识的专家，但更多的是专业基础比较薄弱的学生，而且是"赶工项目"，导致书稿质量较低。

虽然《广东植物志》在学术上并非成功之作，但通过这个工作，张宏达对广东植物区系进行了全面的梳理，这对他的植物分类学研究，乃至其后提出华夏植物区系学说都有很大帮助。据张宏达的弟子吴七根（毕业留校即担任张宏达的助教，这个时期是张宏达的主要助手）回忆，《广东植物志》的编写持续到1964年才结束，自1959年吴印禅去世后，张宏达一直主持这项工作，不断进行修订，每天从早到晚在标本室工作，当时大量标本是保存在华南植物研究所，由标本采集员曾沛每天到华南植物研究所借标本，等张宏达用完还回去，再借下一批。在这个过程中，张宏达接触了大量标本，发现广东及其邻近地区的许多植物科、属都有一些未经记录的种类，将这些科、属中的新种和新组合进行整理并发表。

对张宏达这一时期的分类学研究，吴印禅给出了较高评价："著者对植物分类学方面的各篇论著已接近国际水平，其中如紫珠属研究、柃属研究以及两篇关于中国金缕梅科植物研究，造诣很高，结合形态、生态、地理分布、系统理论等各方面来探讨分类上的问题，这种做法在国内著述方面还是很少见的。"

据张宏达回忆，1960年以前，他的植物分类学研究主要在华南植物研究所完成，研究成果也被视为华南植物研究所的业绩。华南植物研究所良好的科研条件和科研环境对他助益颇多，而众多勤奋耕耘、严谨治学的同事对他的科研工作也有很多帮助和启迪，其中最重要的除陈焕镛、吴印禅外，要属侯宽昭。

侯宽昭，广东梅县人。1931年毕业于国立中山大学农学院林学系，毕业后即到中山大学农学院农林植物研究所跟随陈焕镛从事植物分类学研究。侯宽昭和张宏达二人都是长期跟随陈焕镛工作，正如张宏达所说："跟着陈老的，一个侯宽昭，一个何椿年，第三个就是我。"所以侯宽昭与张宏达不仅是同事，还有同门之谊。侯宽昭主要从事分类学研究，是华南植物研究所植物分类室的负责人。多年从事海南岛植物的采集和调查工作，仅在海南岛就发现201个新种和1个新属，参与编写《海南植物志》，主编《广州植物志》，对茜草科、清风藤科、棟科等分类学研究造诣尤深。侯宽昭与何椿年合著的《中国红树植物科志》和《中国红树林》，对张宏达从事雷州半岛的红树林研究工作提供了很重要的借鉴和参考。这一时期，张宏达经常请吴印禅和侯宽昭为自己的分类学研究进行指导，因此，张宏达在论文《中国紫珠属植物之研究》中写道："本文蒙中山大学植物研究所所长陈焕镛及副所长吴印禅赐予指示与鼓励，复得侯宽昭教授在工作进行中给予批评和建议，谨此致谢。"在《中国的鼠刺属植物》中也写道："本文蒙吴印禅、侯宽昭两教授提示了许多宝贵的意见，谨此致谢。"侯宽昭对学术的勤奋和严谨让张宏达感佩不已，他常以侯宽昭的事迹来教导自己的学生。可惜侯宽昭英年早逝，给他的老师陈焕镛带来很大的伤痛，也是中国植物学界的一大损失。

张宏达对植物生态学方面的研究，主要是对鼎湖山植物群落的研究。

鼎湖山处于北回归线附近。由于受副热带高压控制的影响，整个北回归线附近的纬度带 2/3 以上的陆地属于沙漠、半沙漠或干旱草原，只在印度、中印半岛和中国，因受太平洋季风的影响，湿润多雨，分布有森林，在"沙漠带"上出现绿洲。然而其他地方的森林数量少且残缺不全，唯独鼎湖山地区有近 400 年记录历史的地带性森林植被——南亚热带季风常绿阔叶林和其他多种森林类型。这里被生物学家称为"物种宝库"和"基因储存库"。

张宏达第一次到鼎湖山是在 1946 年 6 月，与吴印禅、黄维康一起带学生去实习。当时发现鼎湖山上有一座建于明崇祯年间的庆云寺，周边的自然林在 400 年间未受到严重破坏，植被类型比较复杂，引起了张宏达的兴趣。1951 年 7、8 月份，他又与吴印禅一起带学生到当地考察。直至 1953 年 9 月第三次考察，在张宏达的主持下进行了 12 天的植物群落调查，做了样方和样条。

1954 年 7 月，张宏达带领学生第四次去鼎湖山考察，继续进行了 10 天的植物群落调查，并在此基础上开始写作《鼎湖山植物群落》的研究报告。同年 10 月 18 日，植物学教研组举行成立以来的第一次科学讨论会，华南植物研究所的十多位研究人员参加讨论会，中国科学院北京植物研究所吴征镒也应邀参加，张宏达在会上作了《鼎湖山植物群落的初步分析》的专题报告，得到较高的评价。11 月 3 日，在中山大学举行的首次科学讨论会上，张宏达又作了《鼎湖山植物群落》的报告。1955 年 6、7 月份，张宏达带领实习同学再次到鼎湖山进行调查，这次有 30 余人参加工作，调查持续了 20 余天，根据此次调查结果对报告进一步完善。1955 年，张宏达、王伯荪、张超常、丘华兴 4 人发表了论文《广东高要鼎湖山植物群落之研究》。

对鼎湖山的调查工作，以庆云寺为中心，调查区面积两万余亩，以鼎湖山主峰三宝峰的自然林为主要对象。初步总结了鼎湖山植物群落的类型、性质、组成特征、分布规律及其与环境因子的相互关系，对鼎湖山植被垂直分布带的研究非常有创新性。这篇文章是广东植被研究方面最早的研究报告，问世以后，产生了强烈的反响，被视为广东群落生态学的开山之作。吴印禅认为"鼎湖植物群落研究，对林型分析颇有创见，目前这方面的论文也很少，更觉得这篇文章对华南植被研究的重要，由这个基础出发，努力钻研，将来对中国植被问题一定有更大的贡献"。

张宏达等人的研究结果发表后，陈焕镛提议，在肇庆鼎湖山建立自然保护区，以便建立以自然森林生态系统为研究对象的鼎湖山树木园，作为广东植物学科的研究基地。1956 年 2 月 1 日，华南植物研究所向广东省委和中国科学院提出在鼎湖山设立植物园树木园的建议。2 月 27 日，中共广东省委批复同意。6 月，华南植物研究所在《南方日报》上刊登《中国科学院华南植物研究所重要启事》，告知公众："本省高要县（今高要市）的鼎湖山自然林区，业经本省领导机关划归我所作为一个自然保护区。"6 月 30 日，秉志、钱崇澍、杨惟义、秦仁昌、陈焕镛 5 位科学家在第一届全国人民代表大会第三次会议上提出关于"请政府在全国各省（区）划定天然禁伐区保存自然植被以供科学研究的需要"的提案，获得通过，由国务院交林业部会同中国科学院研究办理，鼎湖山确定为中国第一个国家自然保护区。鼎湖山自然保护区的成立，是建立在张宏达等人对鼎湖山植被研究的基础上，因此可以说这篇文章对推动广东省乃至全国的生态保护事业起到了重要作用。在鼎湖山被确定为国家自然保护区后，地方政府也没有忘记中山大学生物学系的贡献。直至今日，中山大学生命科学学院的师生前往鼎湖山自然保护区进行研究工作都会得到充分的支持和配合，并免收门票。

协助张宏达完成鼎湖山植物群落调查工作最主要的助手是他的学生，也是他后来学术上最密切的合作者王伯荪。鼎湖山植物群落的调查，是王伯荪那一届毕业生的毕业实习课题，王伯荪在大学二三年级时曾随吴印禅参加全国橡胶宜林地的调查工作，在植被调查方面积累了一定经验，因此在鼎湖山做样方和样条的工作主要由他和他的学生们承担。在后来的报告撰写中，张宏达也非常信任王伯荪，在拟出大纲和写作重点之后，由王伯荪和他的同学张超常、丘华兴承担了大部分的文字工作。王伯荪因为成绩优异，在大四还没有正式毕业就肩负起助教的工作。毕业后，又协助张宏达两次到鼎湖山进行植被调查，完成了余下的工作。

在鼎湖山植被调查过程中，张宏达对王伯荪的科研能力和专业水平有了较深入的了解。之后，张宏达开设植物生态学课程，主讲一年后，就把这门课程交给王伯荪承担。王伯荪的研究方向也随之向生态学发展，而张宏达的重点一直在分类学。张宏达在开展有关生态学的研究项目时，王伯荪都是课题的主要参与者，如1956年雷州半岛植被调查工作和20世纪80年代的香港植被调查工作。两人共同署名的论著超过50篇（部）。在教学工作中，他们也有密切的合作。张宏达招收的生态学专业硕士生和博士生都是与王伯荪共同指导的。他们从师生、同事，到科研搭档，几十年合作密切无间。他们都是为学严谨、为人宽厚的人，从来不会在排名、利益分配方面出现矛盾。多年来，王伯荪始终保持着对张宏达的尊重，一些课题和项目，张宏达建议由他牵头，他也总是谦让。

1956年，华南植物研究所接受中国科学院进行全国资源普查的任务，在雷州半岛进行植物资源调查，当时正值中山大学1957届植物学专业需要做生产实习，华南植物研究所就将这项任务委托中山大学生物学系完成。张宏达、王伯荪、张超常和华南植物研究所的伍辉民一起带队进行这项考察。

雷州半岛位于热带边缘，自然条件特殊。没有山岳与大河，旱季较长，年蒸发量大于降雨量，土层深厚，地下水位极低。在缺乏植被的地面，土温高达62摄氏度。除东南部仍保持有一定面积的森林外，半岛绝大部分地区都为热带草原所占据，因垦殖砍伐和种桉树搞防护林破坏自然林，引起水土流失，使土地的规划和利用困难，对雷州半岛的植被进行调查研究，是植物学、农学、林学工作者在这里开展工作的基础。

张宏达带领学生，分队对雷州半岛的徐闻、海康、遂溪和雷东4县做样地和样方调查，1957年写成《雷州半岛的植被》一书，由科学出版社出版。该书就雷州半岛的植被性质、特点、群落关系进行研究，对雷州半岛植被与自然条件的相互关系和土地利用等问题提出了一些意见。提出要发展热带作物，必须先从事改造自然的工作。开筑蓄水塘、拦河坝，设法利用天然降水。利用半岛三面临海的优势发展红树林植被。关于防护林的树种问题，建议采用当地土生树种菜豆树、半枫荷、鸭脚木等为先锋树种，同时采用耐阴种类来接替林带及造林的更新。关于恢复冲刷地的植被，提出要圈定部分禁铲区，等禁铲区草被生长起来，开放禁铲区让农民割草，同时停止开放原来的铲草区，使矮草地逐步变成中草地或高草地，以后再植树造林。考察归来，张宏达参加了在广州举行的亚热带垦殖会议，报告了雷州半岛植物概况。

1957 年，张宏达、张超常、王伯荪合作的《雷州半岛的红树植物群落》得以发表。该论文对雷州半岛沿岸红树不同的群落加以区分，分析了彼此之间的关系和演替的规律，及其与生存环境的相互关系。中国对红树林的研究起步较晚，20 世纪 50 年代初期是中国红树林研究的启蒙阶段，研究主要停留在分类学角度，代表作是侯宽昭、何椿年 1953 年的《中国红树植物科志》和《中国红树林》。红树林研究从分类学延伸到生态学，始于张宏达等人的这篇论文。红树林是一种由陆地向海洋过渡的特殊生态系，除了复杂的群落成分和特殊的生理特征等具有研究意义的特性，还具有重要的生态效益，它能为海洋生物提供良好的生长环境，是海鸟重要的栖息地，更因为具有防风消浪、固岸护堤的作用，被称为海上长城。之后，张宏达还曾经对红树林的起源和全球区系分析、生态保护等课题进行过深入研究，成为红树林研究领域的核心学者之一。

张宏达对西沙群岛植物的研究始于 1946 年，得益于抗战胜利，中国收复西沙群岛。1946年，国民政府派军舰永兴号接收西沙群岛。1947年4月为纪念接收西沙群岛，以接收军舰命名西沙群岛中的最大岛屿武德岛为永兴岛。国民政府派员乘中基号登陆舰到西沙群岛调查，除军方及政府人员外，还有以中央研究院为首的科学考察团。广东省政府也组织专家参与了这次科学考察。当时广东省正在进行《西南沙群岛志》的编纂工作，需要植物、动物专家参与西沙群岛的资源调查，中山大学生物学系主任张作人向负责此事的广东建设研究会推荐了张宏达与李国藩。

1948年，通过对西沙群岛的植被调查，张宏达在 *Sunyatsenia* 发表了 *The Vegetation of Paracel Islands*（《西沙群岛的植被》），这是第一次对西沙群岛植被全面系统的报道，不但介绍了西沙群岛的植物区系，而且从植物的生态特性、群落及动态方面进行研究。此文发表之后，在国际上产生了重要影响，国外同行开始给张宏达来信，咨询或索要数据。

1974年，由于越南在西沙群岛挑衅，爆发西沙之战，在中国对越南开战估计不足，派出兵力薄弱的情况下，海军官兵英勇战斗，战术运用成功，自卫反击战取得了胜利。西沙之战是一场维护祖国领土和领海完整的正义之战，激起了全国人民的爱国热情和民族自尊心。在这个背景下，张宏达根据1947年考察所获的资料，将1948年发表的《西沙群岛的植被》一文再做充实，以中文发表在《植物学报》上。

文章开篇介绍西沙群岛的地理位置及自然条件："在浩瀚的南海中，散布着许多由珊瑚礁构成的岛屿、礁滩。按其分布情况，大体上分为东沙群岛、西沙群岛、中沙群岛和南沙群岛，统称为南海诸岛。这些岛群自古以来就是我国的领土。"文章的第二个章节介绍了西沙群岛的植物区系："西沙群岛的珊瑚岛地质年代较短，因此岛上的植物种类比较简单和贫乏，据初步调查不超过50种，同时缺乏原产的特有种类。岛上的植物都是附近大陆及海岛的成分，主要是通过渔民的活动、海鸟的传播、海流及风力的流动带进来的，其中以人类的活动特别是渔民的活动传播进来的最多，占现有植物区系成分的60%～70%，这是我国劳动人民尤其是海南岛及广东沿海渔民2000多年来在这些海岛上从事渔业生产的同时引种进来的。"这些论述从自然科学的角度，为证实西沙群岛为中国领土提供了有力的证据。

张宏达最早的植物区系学研究成果，是在1958年4月20日召开的广东省第一次科学工作会议论文报告会上发表的《金缕梅科植物的区系分布》一文，通过长期对金缕梅科植物的研究，基于大量资料，分析金缕梅科植物的地理分布和地质时代分布，认为金缕梅科是亚热带起源，可能有几个中心，如中国南部季风区、小亚细亚。否定了过去认为金缕梅科是泛北极区起源，再逐渐向南发展的权威说法。之后，在此基础上，他对植物区系起源学说继续进行研究，不断完善，又产生了更成熟、更全面的研究成果。

1962 年，张宏达发表了《广东植物区系的基本特点》一文，此文可以看作张宏达"华夏植物区系"理论的雏形，该论文最早曾在 1959 年 7 月 21 日中山大学生物学系举行的科学研究报告会上发表。

《广东植物区系的基本特点》一文分析了广东植物区系发展的地质简史，广东及海南岛均属于震旦纪华南地台的一部分，在侏罗纪以后的地壳运动中，形成一系列轴向为东北—西南的带状山脉，这时正是有花植物出现的阶段，它们就在这里获得了定居的场所。文中详尽统计了广东植物物种，指出广东植物长期以来一直是在比较稳定的条件下发展起来的，没有遭受过严重的改变和破坏。广东植物区系的一大特点是孑遗植物数量众多，且拥有大量的特有属、种，说明广东植物区系的邃古性；广东植物区系中很多属具有复杂的种系，说明广东植物区系经过了长期的历史发展过程。广东植物区系是当侏罗纪后海侵现象不再发生，在华南地台的盆地出现的。文中，他把广东植物区系和广西、海南、中印半岛北部、云南东南部、福建南部及台湾合在一起，划入华南亚区，作为古热带植物区系的一个新的亚区。

论文《广东植物区系的基本特点》有两大创见，首先，认为被子植物起源于侏罗纪，否定了此前在植物学界占统治地位的被子植物起源于白垩纪的说法；其次，认为广东植物区系是本地发生的，而不是来自热带（西南太平洋马来西亚、斐济一带）。

嘉树下成蹊

1978年年底，党的十一届三中全会召开，中国开始实行改革开放的政策。历史翻开新的一页，张宏达这一代很多科学家都重新焕发青春，以加倍的热情投入工作中。

1978年10月，中山大学恢复招收研究生，首批108名研究生入学，其中生物学系招收23名。在这23名研究生中，张宏达和他的研究生指导小组招收了11名。

1981年11月，经国务院学位委员会批准，中山大学植物学专业成为博士学位授权点，张宏达成为新中国第一批博士生导师。同年，张宏达在"文化大革命"后培养的第一批硕士研究生叶创兴、胡玉佳开始继续在他门下攻读博士学位。1985年11月，经中山大学学位评定委员会通过，授予叶创兴、胡玉佳博士学位，中山大学首批博士共有4人，张宏达的弟子占半数。

1980年11月，中国正式实施博士后制度，经各学科专家组评审，国家博士后科研流动站管理协调委员会批准中山大学物理学和生物学两个学科建站，并批准4个专业招收博士后研究人员，其中生物学系有3个，为昆虫学、植物学和动物学专业。中山大学生物学博士后流动站是全国第一批获准设立的博士后流动站。

张宏达在人才培养上不存门户成见，不把学生局限于自己的研究领域，而是充分考虑学生的特长和兴趣，并能充分预见到学科的发展。1987年，生物与分子生物学家屈良鹄在法国获得分子生物学博士学位后，回国到中山大学任教。他的到来触发张宏达对分子生物学的注意，开始构想将分子生物学手段引入植物学研究领域，开展植物分子系统学研究。他把植物分子分类学原理及方法作为研究生的必修课。之后，他建议原本从事植物分类学研究的弟子施苏华从事这方面的研究，与屈良鹄共同招收她为植物分子系统学博士研究生。1990年，施苏华完成了博士论文《Ls-rRNA的序列分析与种子植物分子分类及系统学的研究》。1993年，张宏达与罗进贤共同培养的博士生王艇完成毕业论文《叶绿体DNA分子系统学研究：叶绿体基因组限制位点变异性和种子植物系统发育的几个问题》。张宏达又根据环境破坏日趋严重的形势，增设了应用生态学、环境生物学、城市生态学等有关课程，并于1994年培养出中国第一位生态经济学研究方向的博士钟晓青。

1985年，中山大学研究生处组织编写《研究生培养工作探讨》，张宏达代表生物系植物学研究室撰写了《研究生培养工作小结》一文，总结了他对研究生培养工作的经验：第一，加强野外工作的训练，使研究生能直接了解广阔的生态环境及获得生物区系的广泛知识，并从中发现新问题。第二，开展课堂讨论是推动研究生钻研文献，培养综合与分析问题能力的有效方式，也是导师了解学生，发现才能的可靠途径。第三，以读书报告及小论文作为考核手段，为培养研究生综合、分析问题的能力，提高写作水平，课程考核不采取笔试的方式，代之以写读书报告及小论文，鼓励研究生对文献及课堂讲授的内容提出自己的观点和看法。凡是重复文献上既有观点的报告都是不合要求的，要退回重写。第四，以新的理论和方向性的新概念进行教学和研究。张宏达认为，研究生，特别是博士生在学习和研究过程中，不仅要继承前人的成就和学说，更重要的是培养他们的创新精神和创造能力，这首先要求导师不要墨守传统学说的框框，要敢于冲破旧传统的束缚，吸收国际新成就，提出新理论来开拓研究生的思路。第五，用新技术、新成就推动基础学科的发展。由于一些偏见，植物分类学一向被认为是古老和落后的学科。张宏达坚信，没有落后的基础学科，只有落后的思想意识，要发展基础学科，必须采用新技术、新成就来推动学科改革，鼓励研究生采用生理、生化、数学、电子显微镜、电脑等新技术来研究分类学和生态学。在生态学方面，考虑如何使生态学在更好地为生产服务的过程中获得进展。

张宏达对年轻人总是极力支持和爱护，尽可能为他们创造有利于发展的条件，而不仅限于自己的学生。他的学生和助手张志权回忆说："改革开放初期，很多人要去国外留学，要人推荐，凡是找张先生推荐的，他从不推搪。甚至有些外系的，因为张先生在国外比较出名，也来找张先生。我就提醒张先生：这个是物理系的，这个是化学系的。张先生说：'只要年轻人想学，我们都要支持他。'"

张宏达共指导硕士研究生 46 人，博士研究生 66 人，博士后研究人员 11 人。他的弟子大都已成为植物学领域的专家学者。他们继承了张宏达的学术思想和治学精神，是他学术生命的延续。张宏达的第一届博士生中，叶创兴继承了他的山茶科植物研究的衣钵，成为这一领域的核心学者之一，多次承担重大基金项目，并荣获中山大学"教学名师"称号。叶创兴深知导师最担心的是"中山大学的阵地能不能留下来，特别是山茶科的阵地能不能留下来"，他和老师一样，长期坚持实地考察，为研究山茶科植物，每年花三四个月时间到西南各省考察，几次因过度劳累导致胃出血住院。胡玉佳继承了张宏达在热带雨林研究方面的衣钵，张宏达曾告诉他："你搞热带雨林，必须把理查斯的《热带雨林》全部读通。"
当胡玉佳通过多年研究，完成专著《海南岛热带雨林》
时，张宏达在序言中欣慰地写道："这部专著已经'超越
了理查斯的轨迹'。"这并不是老师对弟子的偏爱和溢美
之词，《海南岛热带雨林》出版后，很多同行都称胡玉佳
为"中国的理查斯"。

张宏达的第一届硕士生中，张志权的《珠江三角
洲农田林网生态效应研究》等科研成果在恢复生态学领
域具有开创性意义，1991年，国家教委、国务院学位
委员会对作出突出贡献的硕士、博士学位获得者进行表
彰，他获得了"作出突出贡献的硕士学位获得者"荣誉
称号。张宏达的另一名硕士陈桂珠多年来主持完成国家
自然科学基金项目、联合国环境署全球环境项目、国家
"863"项目等多项重大课题，成为国内知名的红树林和
湿地生态专家。张宏达的第一届博士生和硕士生都曾因
"文化大革命"浪费了十年青春，有的当过工人，有的
务过农，"文化大革命"结束后才重返校园，到张宏达门
下，成绩得来不易。

张宏达从1954年8月起担任中山大学生物学系植
物学教研组（室）负责人的工作，直至1992年卸任；
1961年担任生物学系副主任，1971年起实际担任生物

学系负责人，1978—1984年担任系主任；1979年，他一手建立植物学研究室，担任主任工作直到退休。在此期间，张宏达在生物学系系务、教学科研的管理工作中付出了很多心血，特别是植物学专业的师资培养和专业建设方面，他为形态学、解剖学、木材学、植物化学、藻类学、菌类学、苔藓学、有花植物分类学及系统学、生态地理学、群落生态学、植物地理学以及植物区系学等学科建立起完整的人才队伍，为中山大学植物学的学科建设作出了重要贡献。

1987年，中山大学植物学获批为高等院校重点学科，张宏达、王伯荪作为学科带头人，当时植物学专业有专业人员28人，其中博士生导师1人、教授4人、副教授5人。1981—1987年，招收博士生11人，硕士生55人；获得各项经费资助137.1万元；发表论文136篇，出版专著6部，译著3部，教材4部。教师、研究生多次到芬兰、美国、联邦德国、荷兰、加拿大、英国等国家进修或合作科研，多次参加国际会议或出国讲学。

1994年8月，中山大学植物学通过"211工程"重点学科点建设子项目认证。此时，植物学形成了4个稳定的主要学科发展方向：植物系统与区系学、植物生态学、植物资源学、植物生理学。有植物学以及植物生理学两个博士点。建立了分子系统实验室，在国内率先开展植物分子系统学的研究，通过大分子核糖体 RNA 结构研究植物各类群的系统进化，所建立的大分子核糖体 RNA 测序技术在国内居领先地位并进入国际先进行列。在实验室建设方面，除原有的植物实验室及生态实验室，建立了木材解剖室、组织培养室、稀土分析实验室、植化实验室等。教学人员中有博士生导师 4 人、学术带头人 6 人、教授 8 人、副教授 21 人，各专业方向均已经培养出后备学术带头人。培养硕士 168 人，博士 28 人，先后接收 7 名博士后研究人员，博士毕业生有多名在国外作博士后研究。从学术带头人和后备力量的学术水平、在国内外学术界的影响、所承担的各类科研项目总经费及其完成质量情况、培养人才的数量和质量、实验室条件来看，植物学科都达到了国内先进水平，而且在各个研究方向上都有部分领域处于国际先进水平。

中山大学植物学能够取得上述成绩，张宏达功不可没。他凭借个人的威望和努力，为植物学科的发展争取到有利条件，争取科研经费来改善植物学的科研条件，借助自己在学术界的关系，为系里争取学术交流和学术合作课题，为青年教师争取出国进修和深造的机会。他和他的前辈、老师一样，非常重视中山大学标本馆的建设工作，和世界各国的标本馆建立标本交换关系。1988年12月，接待荷兰国家标本馆的诺特博姆（Dr. Nooteboom）博士，开展与荷兰的合作关系；1994年，邀请美国阿拉巴马大学的海恩斯（Haynes）到中山大学，讨论为中山大学标本馆建立数据库的事宜。除了标本馆，张宏达最重视的是文献资料，尤其是外文经典著作，他经常以生物学系保存着多套林奈的《植物种志》为傲。他个人收集了大量珍贵文献，退休后，把这些文献都捐赠给了中山大学生命科学学院。

张宏达担任系主任期间，生物学系的发展除他个人的努力外，也离不开同事的支持和配合。中山大学生物学系一直是大家辈出，张宏达的很多同事，如于志忱、蒲蛰龙、屈良鹄等，在学术界有着卓越的地位和不凡的影响力，他们秉承科学工作者敬业奉献的精神，不计较个人得失，与张宏达一起通力合作，共同为生物学系的发展奉献自己的力量。

张宏达对生物学系和植物学教研室、植物学研究室的工作付出了很多心血和努力，谋求学科的发展，也经历了很多辛酸与无奈，他于1987年6月17日写给时任中山大学校长李岳生的一封信就有所体现。

岳生校长：

植物研究室有几项工作存在问题，特向您反映，请给予解决：

一、封开县黑石顶自然保护区内的野外实验站，经教委于去年底拨款，其中35万基建费亦已拨到多时，因自然保护区离广州稍远，交通运输不便，对基建工程确有影响，但望能责成总务及基建部门设法克服困难，就35万经费能建成多少面积就建多少，不一定强求原定计划1500平方米的面积，教委及高教一司的负责同志经常在理科会议上宣传实验站对生物、地学走向实验的重要性，也提到教委对这方面的重视，为此不断来信及传话询问封开实验站的进展。这个实验站，对生物系培养硕士、博士及博士后的研究工作都十分重要，也是我校在生态系统的研究工作走到全国前列的重要基地，教委重视我校在南方的优越条件，委托我校承担任务，希望能按教委要求早日实现实验站的落成。

二、1983年学校领导批准西大球场南面的竹园等地拨归生物系使用，1984年即由我研究室投资兴建围墙，为期已达两年，而竹园内的木工厂及原农场家宅迟迟拖延没有迁走，使山茶研究课题的栽培实验工作无法进行，种下一部分茶苗亦不断遭到家禽及小孩的破坏，山茶研究课题到 1986 年期满，而我们的引种推广计划无法进行。作为一所重点大学很难容忍这种分散和割据的行为，请采取措施，使园内各单位早日迁出，以便围墙合围，开展研究实验工作。

三、经费方面，1983 年年底，学校为了应付测试中心及其他基建困难，从我研究室研究基金借支 1.2 万，几年来，财务处与科研处纠缠，迟迟不归还这笔借款，实属不该。顺便提一下，自 1952 年以来，植物教研室及研究室一直未取得学校任何资助。是教研室和研究室 32 位同志团结一心，在党和校长领导下，齐心协力，做了自己应做的工作，这几年学校经费有所好转，也没有向植物室投资，作为一个综合性的研究室（包括植物分类、藻类学、木材解剖、植物化学、植物群落生态学、植物生理生态学等），它所处地位和遭遇是罕有的。这几年教育部给了我们一点钱，科学院基金会也提供了一些资助，但这些经费很大一部分用于不该支付的项目，例如竹园围墙，原来由学校支付的，结果要植物室支付 2.2 万，至今未完成未结账。竹园内的网室后工作室基建经费，也由我室支付 2 万多，将来基金会万一来查账，恐难对付。

30 多年的惨淡经营，植物学专业在国内占有一个席位，在校内也为大家所瞩目，如果说过去的年代，学校经费困难，有心无力，那么今天学校的情况好多了，植物学专业也没有辜负学校的期望，今后怎样使植物学继续前进，为国家作出更大的贡献，培养更多合格的专才，如果再得不到学校的支持，我们将陷于寸步难移的境地。愿学校进行调查，勿以言过其实，耸人听闻而见责见幸。

张宏达

1989 年 6 月 17 日

鉴于竹园的科学、历史和人文价值，在张宏达和生物学系的强烈要求下，最终学校将木工厂迁出，恢复竹园用地。张宏达从他的科研经费中拿出 3 万余元，将竹园围起砖、水泥钢筋护栏以作长远保护。2000 年后，在科技部专项基金的资助下，对竹丛进行了培护，填高低洼地方，后来用铁管围起，并在入口处竖立了由张宏达手书的"竹种标本园"碑刻。

1982 年 8 月，张宏达参加了在内蒙古呼和浩特举行的全国高校植物生态学教材、教学讨论会，全国各教育、科研和出版单位 80 余名代表参会。很多代表提出，国际上从事生态学教学研究普遍通过野外试验站来进行，收到了良好的效果，特别是对科普宣传和推行环境保护工作具有重要的作用。然而，中国没有一个为高等院校生态学专业设置的试验基地，以至生态学的教学实习、科研项目难以开展。代表们一致认为，要促进和提高生态学的教学质量，培养学生的实验水平和动手能力，设立生态学野外试验站是刻不容缓的。张宏达提议，在南方的亚热带常绿林建立试验站，获得与会代表的支持。

会后，张宏达多方奔走，向学校及教育部等上级机关请求支持，同时积极进行选点工作。经过对广东省多个自然保护区的考察，选择了封开县黑石顶和惠东县古田两个自然保护区作为备选建站地点。在他的努力下，于1985年1月6—15日在广州召开了热带亚热带森林生态系统试验站建站论证会，参加论证会的有教育部领导、各高校专家，以及广东省林业厅、封开县、惠东县的代表。经过对黑石顶、古田进行实地考察，与会代表一致同意，把森林生态系统试验站建在黑石顶自然保护区。

黑石顶自然保护区处于北回归线上，距县城70多千米，远离城市，没有大规模的开发旅游，人工干扰轻微，森林保持了较多的原始性，是广东森林面积最大的自然保护区。区内生物类群丰富，特有种类多，中国特有种500多种，广东特有种近百种。毗邻广西，通过桂及滇东南与印支半岛生物区系密切联系，热带和亚热带植物交汇混合现象明显，植被类型复杂多样。

1985年3月，教育部与中山大学签署《关于筹建中山大学热带亚热带森林生态系统实验站协议书》，决定在黑石顶由教育部投资建生态系统实验站，供全国各有关高等学校进行教学实习及科研。建设规模以容纳本科生70人、研究生30人、教师12人计，建设生活用房、食堂、教室、工作室、实验室、标本室、资料室等建筑。经费75万元，由教育部一次投资。同年4月，中山大学与封开县人民政府达成协议，建设用地由封开县无偿拨给。

1987年10月，实验站基建通过验收，中山大学向国家教委提交《关于中山大学热带亚热带森林生态系统实验站基建工程和验收与今后管理和使用有关问题的报告》，提出：实验站面向全国，为全国生物学、地学有关专业使用，建议将名称改为"国家教委中山大学热带亚热带森林生态系统实验中心"，确定实验中心的任务是：生物学、地学有关专业大学本科生的教学实习、生产实习；有关学科的硕士研究生、博士研究生课程实习及论文研究；国内外生物学博士后人员科学研究工作；国内外生物学、地学访问学者的科学研究和学术交流；承担国家和地方有关生物学、地学生态方面的科研任务，接受委托培训技术干部。1988年5月，国家教委批复报告，原则上同意中山大学上述建议，决定每年由国家教委在中山大学的总经费中增加3万元，作为实验中心的事业费。张宏达被任命为实验中心主任。

1987年12月6—12日，国家教委中山大学热带亚热带森林生态系统实验中心开幕，同时举行全国高校亚热带森林生态学术讨论会，会议由张宏达、祝廷成、李博等人主持。1992年和1997年，在实验中心建立五周年和十周年之际，召开了第二届和第三届学术讨论会，内地和海外多位知名学者出席了讨论会，提交论文，出版了《热带亚热带森林生态系统学术讨论会论文摘要汇编》两辑。

热带亚热带森林生态系统实验中心成立以后，主要在以下几个方面发挥了作用。

在科学研究方面，1989年7月，国家教委基金资助项目《热带亚热带森林生态系统的研究》结项。仅1987年，课题组成员通过对黑石顶生态系统和植物区系进行研究，就发表了 10 篇论文。1987—1997 年，借助于该中心的实验条件，先后有 6 项国家自然科学基金、2 项广东省自然科学基金项目以黑石顶自然保护区的森林群落为研究对象，如国家自然科学基金重大项目《中国种子植物区系研究》子课题《岭南亚热带植物区系研究》、国家自然科学基金课题《南亚热带常绿阔叶林物质循环研究》《植物恢复生态学》《南亚热带常绿阔叶林生产力研究》等。其中有两项获得省部级科研成果奖。

据不完全统计，对黑石顶森林生态系统进行研究迄今已经发表论文 100 余篇，出版论著多部。这些论著反映了研究工作的广度、深度及连续性，为深入进行热带亚热带常绿阔叶林生态系统和生产力以及物质循环的长期监测研究积累了重要的资料。

在本科生与研究生实习及毕业论文方面，在《国家教委热带亚热带森林生态系统实验中心十年工作小结（1987—1997）》一文中，张宏达总结了实验中心承担的学生实习和科研任务。最初设想面向国内各高等院校相关专业的本科生实习，后因各校经费问题，外省前来实习的本科生不多。经常来实习的本科生以广东地方高校为主。10 年间中山大学植物学专业每届本科生均有两次到实验中心来实习，二年级进行分类学实习，三年级以生态学为对象进行实习，动物学专业本科生亦不定期来实验中心进行实习，观察鸟类生态及采集昆虫标本。

植物学专业的硕士研究生在学习完系统学、区系学、群落学及种群学之后，系里组织他们到实验中心进行实习，使研究生都能掌握华南主要植物种类，写成实习报告，作为学习成绩的一部分，并通过野外实习决定未来的学位论文课题。中心成立的第一年，即有1位硕士研究生、5位博士研究生在实验中心开展学位论文的研究。10年中，在实验中心进行学位论文研究的硕士生共有16人，以生态学及群落学为主要研究课题，开展群落结构、物质循环、种群动态及次生演替、种子植物区系和孢子植物区系等研究；12位博士生在实验中心进行学位论文的实验工作，包括群落演替、物质循环、生物生产力、次生演替、林窗效应及分子生态学的研究。

中国的生态学起步较晚，中华人民共和国成立后，配合垦殖、农林牧业及国土整治等建设工作，生态学获得了相应的发展，但一直停留在观察和描述阶段，不能对生态系统各个因子及环节之间的相互关系，能量及物质的积累与转化，以及生态功能进行定量的研究。从植物群落外貌结构进入生态系统，研究其能量与物质的积累与转化问题，必须采用定位的实验分析手段。黑石顶的生态系统定位站是全国高校建立的第一个野外定位站,在建站过程中,从产生动议、项目认证到基建施工,都由张宏达亲力亲为。直到现在,每年还有大量本科生到黑石顶实习,研究生还在这里开展研究工作。黑石顶站还继续在生态系统教学和科研中发挥着重要作用。

在学术交流与合作方面,张宏达也作出了突出贡献。中德生态研究合作计划(Cooperative Ecological Research Project,CERP)是联合国教科文组织人与生物圈计划(Man and the Biosphere Programme,MAB)主持并协调,由中国与联邦德国合作进行的一项长期研究计划。该计划累计提供了约 380 万美元的信托基金,是当时联合国教科文组织规模和资金额度最大的研究项目之一。研究内容紧密结合中国环境与发展中存在的问题,涉及森林生态系统、水生生态系统、城市生态系统,以及城市污水生态处理等方面。德国研究与技术部为计划的实施提供资金,中国以复杂多样的生物地理条件、丰富的生态系统类型为计划的实施提供研究基地,双方研究人员共同在中国开展合作研究,计划自 1987 年开始,延续至 1995 年。

张宏达于 1986 年参与 CERP 的研讨工作,他建议在海南岛霸王岭设置永久样地，进行热带雨林生态系统研究。霸王岭位于海南岛昌江县境内，是海南省林业局的六大林区之一。霸王岭林区是海南热带雨林的典型代表，气候温和，雨量充沛，动植物种类繁多，生态系统完整。张宏达1963年曾到霸王岭进行野外考察，对这一地区的生态系统有较为全面的了解，为承担CERP奠定了研究基础。为合作研究计划能顺利达成，张宏达提前制定了《1987年海南霸王岭热带雨林生态系统研究计划》，对项目的研究内容、工作安排和项目组织等各个环节有了完整和细致的构想，对项目通过认证起到了重要的作用。

1987年4月11日，中国科学院副院长、人与生物圈中国国家委员会主席孙鸿烈代表中国政府在CERP协议上签字，CERP由人与生物圈中国国家委员会和联邦德国汉堡大学世界森林研究所共同执行。8月17日，人与生物圈中国国家委员会正式批准《海南岛霸王岭热带森林生态系统的研究》加入人与生物圈计划。项目于1987年7月开始执行。

CERP共提出8个研究课题，第一个就是"海南省霸王岭热带雨林生态系统研究"（项目编号CERP.S1）。课题由中山大学生物学系和德国汉堡大学世界森林研究所主持，张宏达是中方项目负责人，德方负责人为布鲁尼格（Bruenig）教授。其目的是对中国的热带雨林进行基础研究。研究内容涉及热带雨林植物生理生态、植物区系与植物群落、动物区系及动物生态、微生物、土壤、水文以及热带雨林的经营管理。研究针对的问题是：多年来为满足生产生活需求，在海南岛推行毁林种胶和采伐森林的政策，使除少数保护区内残留有热带雨林外，其他地方的雨林大面积被毁，希望通过对热带雨林生态系统的多学科综合性研究、观测和监测，为了解人类活动对生态系统的影响提供数据。本项目是 CERP 全部 8 个项目中最大的项目，资助金额达 40 多万美元，也是国内高校系统唯一参加的项目。

经过三年多的工作，CERP 在霸王岭的研究取得了显著成绩，尤其是对中山大学和国内生态学研究有重要促进作用。霸王岭建立了热带雨林生态系统研究站，成为黑石顶站之外，中山大学进行长期生态学研究与教学的另一个重要基地。在合作研究的过程中，使用外资引进了大量先进仪器，在中山大学生物学系建立了计算机室和土壤微生物实验室，改善了科研条件。在合作研究过程中，双方互派工作人员进行互访、考察和研究，举办研讨会和培训班，而且建立了人才培养机制，在

CERP 实施过程中，中山大学多次派教师和博士生到联邦德国进修、考察，使青年学者得到了锻炼和提高，积累了与外国科研机构和科研人员进行学术交流的经验，建立了适应国际合作的科技队伍。

在与联合国教科文组织和联邦德国合作的过程中，张宏达始终把国家利益放在第一位，在关键问题上不做无原则的让步。在霸王岭采集到的土壤、生物样本交付德方的过程中，张宏达和项目组成员严格把关，避免了国家资源的流失。产生分歧和矛盾时，张宏达据理力争。在项目进行过程中，由于消耗性设备的经费没有及时拨给中山大学，导致中方无法对霸王岭采回的土壤样本进行测试，张宏达写信给联合国教科文组织生态处驻京代表泰勒表达了不满，声明按合同规定，中德双方都要对样本进行测试和研究，不拨这笔经费就等于不让中方自己做测试，这样做谈不上合作。在对于光合作用、生物生产量及物质循环的研究工作中，联邦德国方面派不出专家，就建议缩减计划。张宏达质问："为什么不让中方专家进行呢，否则还算合作研究吗？"最后张宏达严正声明："我们希望把合作继续下来，一切应按协议书，不要随着个人感情而变化，对中方来说，我们的专家教授是不会接受强加于人的。"

1980 年 10 月，张宏达参加教育部组成的环境科学教育考察团赴英国考察，北京大学昆虫生态学家林昌善担任考察团团长，同行的还有北京大学的王恩涌、南京大学的丁树荣、北京师范大学的刘培桐。考察为期一个月，参观了伦敦皇家大学、帝国学院、切尔西学院、里丁大学、英国皇家学会、剑桥大学应用生物系和地理系、东安格利亚大学环境学院、普利茅斯理工学院、邱园的标本室和植物园、西尔伍德公园的野外站、亨廷顿试验站、大英自然历史博物馆、罗萨姆斯特农业实验站和设在伦敦的田野研究协会，并瞻仰了马克思墓。

在英国访问期间，代表团访问了著名植物学家理查斯，理查斯的经典著作《热带雨林》中文版就是由张宏达等人翻译的。张宏达等人还到科学技术史学家李约瑟家里拜访。1943 年夏天，李约瑟任英国驻华使馆科学参赞时，曾经到中山大学坪石校区访问中山大学经济学系主任王亚南，在他离开坪石去重庆时，张宏达恰好在火车站碰到他，有过一面之缘。

1982 年 10 月，日本知名企业西武百货店社长山崎光雄来到广州，与张宏达会面。西武百货店每年举办国际山茶展，恰好 1983 年为日本山茶学会成立 30 周年，山崎光雄邀请张宏达赴日本参加国际山茶展并进行科学考察。经中山大学上报教育部，获得批准。1983 年 3 月，张宏达携带部分山茶标本和金花茶活株到日本访问。

张宏达一行在日本访问期间，除参加山茶展览会外，为日本学术界作了 3 次山茶科植物演讲，同时考察了日本植物学教学、科研情况，并参观了大量的植物园和植物种植场，包括上野动物园、埼玉县植物园、赤城植物园、八岳高原西武公司的杜鹃花种植场、三好花卉研究所、京都大学植物系的植物标本室和农学院应用植物研究室、武田制药厂茶花园、舞鹤山茶研究所等。

这次出访，张宏达与日本同行进行了深入的交流，包括新潟大学教授荻屋薰、东京工农大学教授箱田、日本山茶协会理事桐野秋丰、千叶大学副教授安藤敏夫、东京农业大学教授阿部定夫、国际山茶协会副会长安籐芳显、京都大学教授岩槻邦男、小山博滋、泷本敦等，接受了箱田赠送的日本原产野生山茶 6 种 21 株，杜鹃花 3 株。

1989 年 7 月，中山大学组成 8 人代表团应邀赴德国进行交流考察，这次出访是 CERP 专业人员互访的一部分。代表团成员有张宏达、王伯荪、罗进贤、胡玉佳、谢永泉、沈灿燊（地理系）、曾水泉（地理系）、陈创买（气象系）。代表团主要参观了森林试验站及有关水文、土壤、森林经营、农业试验站的工作。

1989年，美国史密森尼研究院植物学部斯科格（Skog）邀请张宏达赴美国访问。此时，张宏达的博士许兆然正在史密森尼研究院进行博士后研究，另两位弟子陆阳和李鸣光也在美国北达科他大学攻读博士，他们在美国时，努力促成了美国植物学界和中山大学生物学系的很多合作与交流。10月上旬，张宏达赴美国。先到加州参观加州大学伯克莱分校植物系、植物园及加州科学院，再到密苏里植物园，受到园长、美国植物学会主席彼得·H.雷文（Dr. Peter H. Raven）接待。雷文是中国科学院外籍院士，与中国植物学界合作密切，也是和张宏达联系比较多的外国学者，经常交换科研信息和学术资料。

接下来，张宏达参观访问了哈佛大学标本室和植物园，由世界著名华裔女植物学家胡秀英博士接待。胡秀英是岭南大学硕士，是张宏达的学姐，在旅外华人植物学家中，张宏达与胡秀英情谊最深，尊称她为胡大姐。胡秀英经常来往于中国香港和美国从事植物学研究，早在20世纪70年代中期就曾回国考察。改革开放以后，更是经常回国考察和讲学，也多次来到中山大学参观、交流。胡秀英是一位非常热心的前辈学者，许多中国的青年学者到美国访学，到哈佛大学都会得到胡秀英的接待和照料。张宏达评价说，在华裔植物学家当中，胡秀英是最为大家所熟悉和尊敬的老一辈旅外学者。

离开哈佛大学后，张宏达到史密森尼研究院工作了两周，研究那里收藏的植物标本，并在植物学部举行专题讲座，主题包括华夏植物区系、种子植物新系统及尼泊尔植物区系等。参观了马里兰大学植物系，与该校教授深入讨论华夏植物区系及有关山茶植物起源和分类等问题。又经丹佛至北达科他，与该校利伯曼夫妇交换了合作意见，并报告了尼泊尔植物区系，最后返旧金山受到布鲁斯·巴塞罗缪（Bruce Bartholomew）夫妇的热情接待，布鲁斯·巴塞罗缪即《山茶属植物的系统研究》英文版的译者，也是《中国植物志》英文版的作者之一。

在学会工作方面，张宏达也付出了很多心血。1980年9月10—15日，广东省农委、科委、科协、林业厅、中国科学院广州分院和广东省科学院6个单位，根据中共广东省委1980年扩大会议关于"要重视我省自然生态"的指示，联合召开会议。会后起草了给省政府的报告："拟建议省科协成立广东省生态学会"。广东省人民政府于1981年1月22日印发此报告。6月24—28日召开广东省生态学会成立大会暨生态科学讨论会，广东省生态学会正式成立，蒲蛰龙任理事长，张宏达任副理事长。

1984年11月，广东省生态学会在深圳大学召开第二届代表大会，张宏达被选举为理事长，并连任第三、四届理事会理事长，直至1998年由彭少麟接任。

生态学会成立之初，由科协下属农学会、林学会、植物学会、土壤学会、气象学会、水利学会、医学会等选派会员参加，作为团体会员。从第二届理事会开始发展个人会员。因为生态学会的会员所涉学科较多，被称作广东省的"小科协"，是广东省生态科学工作者的大家庭。同时，学会还创办了《生态科学》作为理论阵地。

生态学会成立后，不仅起到团结科学工作者，推动科研协作，促进学术交流的作用，还多次切实推动广东省环境保护事业，如白云山林相改造工作和深圳红树林自然保护区保护工作等。

1994年1月，广州市市长办公会议提出"整治白云山"的任务。2月，广州市绿化委员会和广州市园林局、白云山管理处召开专门会议，提出白云山林相改造的意见。2月17日，广州市常务副市长陈开枝批示："同意会议设想,请抓紧推进。"生态学会在了解到这一信息后,抓住机遇,争取立项。4月15日,广东省生态学会《白云山规划与林相改造》开题,课题由张宏达主持。

之所以要进行林相改造,是因为白云山林木绝大部分是1953—1958年种植的马尾松,一般来说,马尾松的平均寿命为40～50年,此时树木已经到了老年期,而且景观比较单一。此外,马尾松林容易发生大面积病虫害,是不稳定的林分。从森林的生态功能看,针叶林净化污染、吸碳吐氧、调节气候、水土保持的能力不及阔叶林。

课题立项后,学会组织专家对白云山进行全面考察,经过充分讨论,形成《白云山马尾松纯林改造方案》,确定改造的指导思想是:"顺应白云山风景区植物群落向亚热带季风雨林方向发展的规律,保留一部分马尾松林,改造大部分马尾松林,使之成为针阔叶混交林,保护和人工促进更新次生林,把白云山建设成为林分多树种、多结构、多层次、多色彩、多功能,能完全发挥其经济效益、生态和社会效益的具有南亚热带特色的优美风景区。"改造方案由张宏达向广州市常务副市长陈开枝和广州市绿化委员会汇报后获得通过。

林分改造在规划上采用有代表性的乡土树种和适应

本地生存的外来树种做主调树种，整个改造历时8年，种植树苗140余万株，共投入资金3140万元。2002年，白云山的森林覆盖率达到95%，供氧量增加一倍，成为具有岭南特色的南亚热带季风针阔叶混交林。

1994年6月，生态学会蒲蜇龙、张宏达、徐祥浩等16位专家联名写信给深圳市市长厉有为，要求责令深圳市国土局将破坏"内伶仃—福田"国家级自然保护区的污水处理厂迁走。在深圳市国土局没有及时改变错误做法的情况下，同年8月，又写信给广东省委书记谢非、省长朱森林，向他们反映深圳市国土局的不当做法，请求他们进行干预，保证保护区的生态系统正常运行。同年10月，深圳市进行滨海大道等工程规划时，拟将滨海大道穿过福田红树林自然保护区西部核心区，将保护区的自然生态系统一分为二，而且工程需填海施工，对红树林生态环境造成不良影响。在专家的干预下，有关方面立即停止了滨海大道的施工，明确指示，滨海大道建设要在尽量减少对保护区影响的情况下进行。由中山大学环境科学研究所进行评估后，使滨海大道中心线北移260米，将对红树林的影响减少到2公顷。同时为保护区红线内新增滩涂面积1200亩，并拨款2000万元，用于人工营造红树林和在保护区新红线范围内进行恢复和优化生境的植树造林工程。这是生态学会为广东省生态保护工作做的又一件大事。生态学会之所以能对此事作出迅速反应，是因为1992年，张宏达和他的弟子陈桂珠等人承担了《广东省内伶仃—福田国家级自然保护区自然资源和生态环境及其保护利用研究》课题。

广东省生态学会在科普宣传方面做了大量的工作，广东省生态学会是全国成立较早的生态学会之一，最初人们对生态学缺乏认识，学会第一个工作是分头下基层进行科普宣传，蒲蛰龙到佛山、张宏达到汕头讲课。张宏达个人承担的科普工作还有：1982年，为广东省委干部培训班讲授生态系统与生态平衡；1983年，为广东省农委及林业厅干部培训班讲授农业生态；1984年，为广东省委党校讲授生态系统与保持生态平衡；接受广东省林业厅委托举办自然保护区干部培训班，负责讲授植物学及生态学；为广东省林业厅举办野生动植物资源调查技术培训班，讲授植物资源调查方法、植物种类识别方法。

广东省生态学会从成立起连年获得"省级学会先进集体"称号，连续两次荣获"全国学会之星三连冠"称号。1993年12月，广东省生态学会第四届代表大会召开之际，张宏达和学会秘书长张社尧作词，会员毕志树作曲，创作了歌曲《绿圈赞》。

绿圈赞

真理难穷志弥坚，不辞升斗苦熬煎，

穹苍无计剂灵药，大地悠悠敷绿圈。

光凝水气生万物，土藏化石纪流年。

南北古陆皆残缺，独留华夏续新篇。

环境保护绿为先，生态科学站前沿。

交换循环活系统，繁荣学术换新天。

市场经济化大千，遵章守律看路线。

生态文明求发展，持续发展竞向前。

　　除广东省生态学会外，自 1978 年起，张宏达担任中国植物学会常务理事，同年当选广东省植物学会副理事长，1988 年起一直被聘为广东省植物学会名誉理事长。参与的国际学术组织包括国际山茶学会、日本山茶学会、美国山茶学会。

　　从大学时代起，张宏达就养成了野外考察的习惯。随着改革开放，国内经济条件好转，科研协作不断加强，经费日渐充足，进行野外考察的条件大为改善。张宏达更是利用一切机会开展野外考察工作，直至晚年仍然坚持不懈。

　　1982 年 7 月，张宏达参加东北第四届草原会议，会后赴长白山考察植被的垂直分布，然后转到小兴安岭凉水自然保护区和东北林学院的野外站考察红松林，再到齐齐哈尔考察草原。最后到内蒙古出席全国高校植物生态学教材、教学讨论会，会后赴大青山北部的内蒙古草原考察。据同行的韩德聪回忆，当时在草原上7天，有很多院校的代表参加会议，没有人采标本，只有张宏达一个人拿着塑料袋和大铁桶采标本，回到住处就到锅炉旁边去烘标本。张宏达主要研究亚热带植物区系，一般来说跟温带和草原植物联系不大，大家对他这么热衷于采标本都不理解。1984年，张宏达发表了《植被地理问题初释》，中间讲到针叶林的起源和分布、草原和荒漠植被的起源，以及森林植被起源的统一性问题，很多资料都来自这几次野外考察。

1983年6月底，张宏达应邀到兰州大学进行为期一周的讲学，之后，经甘南、陇南到九寨沟进行考察，然后由天水换火车返回兰州，接着去西宁考察，于7月14日登上祁连山，一直上到高原定位站。第二天，他写了一首七绝《横越祁连山》："祁连山上草青青，六月寒冬黍不生；羌笛依稀人迹渺，牛羊结伴逐鸦声。"这一年，他69岁。7年之后，1990年6月，张宏达到兰州兴隆山出席《中国种子植物区系研究》课题北方片的工作会议，7月下旬在兰州大学参加西北干旱生态学会议，会后，76岁高龄的张宏达再次在甘肃、青海两省考察干旱生态系统。这一次他沿河西走廊去敦煌，到达敦煌后折向南，越过海拔3800米的当金山，横贯柴达木盆地，到达青海湖后，再返回兰州，途中经过民勤、金昌、嘉峪关、敦煌、冷湖、德令哈、塔尔寺。他完成的《中国西北地区干旱植物区系分析》《柴达木盆地植物区系分析及其形成的探讨》、*Analysis on the Xesophytac Flora of northwest Region of China*（中国西北地区干旱植物区系起源）等研究成果，是建立在实地考察的第一手资料基础上。

1983年12月，张宏达到成都、西昌、攀枝花一带调查红山茶分布，采得红山茶标本80号，对这里的红山茶群落印象深刻。1984年12月，他再度进入金沙江流域，走成昆铁路到渡口、米易、德昌、会理、盐边，一方面采集红山茶标本，另一方面考察康滇古陆植物区系和植被，1985年春节才返回广州。在金沙江流域共采集红山茶标本350号，完成了论文《金沙江流域的红山茶新种》，发表了16个新种，大大充实了《中国植物志》山茶科的红山茶组。这次采集让张宏达受益匪浅，直至晚年，他还很兴奋地说："川西，我去了4次，那里野生的、原始的比较多，所以去一次又一次。海南，人家都去过很多次，我去过一次就基本差不多了。去了有新的发现，觉得还有兴趣就再去。"

因为学术界存在着中国植物来自喜马拉雅的观点，张宏达一直想对喜马拉雅的植物区系进行深入研究，虽然他在 1979 年就完成了《从印度板块的漂移论喜马拉雅植物区系的特点》，但研究主要基于已有成果和植物志资料，没有实地考察始终是一个缺憾。1985 年，张宏达在香港中文大学江润祥的帮助下，终于有机会登上喜马拉雅山。江润祥是中山大学生物学系毕业生，改革开放后，他竭力促进香港中文大学与中山大学的合作与交流。1985 年，江润祥以赴尼泊尔考察药用植物的名义向张宏提出邀请。7 月，张宏达和江润祥、毕培曦一起赴尼泊尔考察。7 月 5 日抵达加德满都，8 月开始登山，对多切（Dhunche）至高赛昆达湖（Gosainkon）一带进行考察，到达海拔 4000 米的位置后，因阴雨连绵，装备不全下山，全程两个星期，采得标本 130 号。这次考察印证了他之前对喜马拉雅植物区系的研究结论，1988 年，张宏达、江润祥等人共同发表了《尼泊尔植物区系的起源及其亲缘关系》一文，根据对喜马拉雅南坡及尼泊尔境内植物区系的研究，提出尼泊尔植物区系的特点和起源等问题。

1992 年，为筹建国家森林公园和国家级自然保护区，张宏达到粤北八宝山、五指山进行为期 7 天的考察。之后，林密、张宏达、徐燕千、曾天勋、庞雄飞、梁启荣 6 位科学家提出了《关于建立南岭国家自然保护区和开发南岭科学研究的建议》。1994 年，广东南岭国家级自然保护区经国务院批准建立，是广东最大的自然保护区。1997 年 6 月，张宏达等人《关于建立南岭国家自然保护区和开发南岭科学研究的建议》获得中国林学会颁发的第三届陈嵘奖。

1999 年 7 月，广东省农业厅组织专家参观昆明世界园艺博览会。此行，他重游了 1939 年 7 月毕业实习时曾经考察过的大理点苍山杜鹃花林，回顾旧事，感慨万千，写了一首七绝《忆旧游》："旧地重游六十秋，杜鹃花发满山头。昔日同游半作古，洱海驱舟吊故友。"诗后小注："1939 年夏中山大学师生 12 人曾到大理，登点苍山考察，山顶杜鹃林盛开，这次七月重来，杜鹃仍在怒放，但人面已非。"60 年前的那次考察，中山大学师生原拟赴丽江，但因局势不稳定，在大理县长劝阻下，终止了计划。此行张宏达一偿 60 年的夙愿，畅游丽江并登上玉龙雪山。

从事植物分类学、生态学的研究，没有野外考察的工作，是不可能有所建树的。张宏达常常教导学生："学习和研究生物学，必须重视野外考察。没有野外考察的基础，就不可能真正懂得课堂上学来的知识。"他自己更是几十年如一日，足迹遍布中国的山川、荒漠、草原。

在张宏达的野外考察经历中，也有很深的遗憾，在华夏植物区系研究中，两个非常重要的地区，台湾和西藏，他没有机会亲自去考察。

张宏达曾承担《西藏植物志》的编写工作，在华夏植物区系学说中，西藏也是很重要的部分，他一直很想到西藏考察。1985年10月，张宏达提出《中山大学赴西藏地区及喜马拉雅山北坡生物地学考察计划》，由他发起，组织了一个12人的考察队，包括植物学、动物学、地理学、地质学和气象学五个专业的研究人员，计划进行一次包括大气圈、水圈、岩石圈和生物圈的综合考察，为期两个月，计划1986年8月出发。1986年1月，中山大学向国家教委呈报，并成功申请到部分经费。考察队员已经完成体检，但后因中印边境局势紧张，考察计划被迫取消。

1990年，张宏达承担重大课题《中国种子植物区系研究》子课题《台湾种子植物区系的研究》，他一方面与台湾同行建立交流渠道，另一方面积极联系到台湾考察。他曾经写信给台湾"中央研究院"植物研究所邹稚华:"为了了解台湾植物区系的实际情况,我希望能去台湾考察一次,费用由我自己负责。如果能由'中央研究院'或私人发出邀请信的可能性存在的话,我到台北时,可以向台湾同行介绍内地植物学界的活动情况,同时介绍我在植物地理学、系统学和群落学等方面的工作。"

1991年,辅仁大学景观设计系主任赖明洲邀请张宏达参加当年10月辅仁大学举行的台湾植物区系及植被研讨会。中山大学向国家教委提出《拟同意张宏达教授赴台参加"台湾植物区系及植被研讨会"》的报告,但未获批准。

1992年8月,张宏达受邀参加在台北举行的海峡两岸关系学术讨论会,对张宏达的邀请是通过孙中山研究所所长黄彦和中山大学校长曾汉民联系,要求推荐一位自然科学工作者负责两岸科技交流课题而达成的。学校出面请中国社会科学院为张宏达办理入台手续,但最终没有成行。

1992年10月,赖明洲再次邀请张宏达到台湾从事植物区系及植被资源考察。张宏达再次提出申请,同样没有得到批准。

最终,通过赖明洲提供的一些资料,张宏达虽然在标本和文献的基础上完成了课题任务，撰写论文《台湾种子植物区系》，但没有实地考察始终让他觉得遗憾。

张宏达曾经为受邀的海峡两岸关系学术讨论会撰写了一篇报告《海峡两岸科学技术交流之研究》，这篇文章反映了他与台湾同行进行交流的渴望，也对进行交流的方法和渠道提出了一些建议，其中重点论述了两岸学术交流的必要性和迫切性，节选片段如下："现代文化与科学技术的迅速发展，在一定程度上有赖于信息的交流。通过交流出现了互相学习、共同提高的局面。台湾和大陆的学者都经常参加全球性各种学术会议，两岸学者在这种场合也有所接触。但彼此之间能够聚首一堂认真地交换对学术上的问题意见的机会还不多，或者说正在开始。为了发展中华民族的文化和科技，加快两岸的学术交流，并使之经常化，应该是两岸学者的共同愿望。

"在过去一段较长的时间里，大陆和台湾按照本身的利益，走出了一条发展科学技术的道路，在自然科学各个领域，包括基础理论和应用技术科学，都取得了显著的成绩，有些方面已达到世界先进水平。为了今后能以更快的速度发展两岸的经济建设，为了在 21 世纪前半纪中国人在国际学术界有更多的发言权，海峡两岸的科学家第一步应加强双方的学术交流，如生物学、地学及传统的中医中药等。特别要强调的是，中国这块大地属于古华夏大陆，得天独厚，蕴藏着许多特有动植物种类并保存地球进化的悠久历史，研究清楚这些方面的问题，将有助于正确理解地球进化、物种起源和发展的规律，纠正西方传统长期以来占统治地位的错误的学术思想。例如关于地壳进化方面，西方流行的地槽及地台理论将被研究中国大地构造得出的地洼学说所补充和替代。关于地球植物区系起源与分区的理论，将被从中国植物区系得出的华夏植物区系起源与发展的理论所修正。关于高等植物进化系统的单元单系论、二元论、多元论将被从华夏植物区系得出的单元多系的系统所替代。西方学者对中国这几方面的资料知之不多或一无所知，他们所能掌握到的片面知识，必然不可能如实地提示自然界发展的法则。"

草木有本心

改革开放以后，张宏达在学术上收获了累累硕果，开创性地提出华夏植物区系学说，出版了第一部由中国人撰写的种子植物系统学专著，《中国植物志》获得国家自然科学一等奖等，这些成就是他学术生涯中浓墨重彩的篇章。

1980年，张宏达发表了论文《华夏植物区系的起源与发展》，标志着华夏植物区系学说正式问世。华夏植物区系（Cathaysia Flora）最早是哈里（Halle T.G.）使用于东亚古生代以大羽羊齿为代表的植物区系，张宏达扩大了这一名词的含义，将华夏植物区系定义为三迭纪以来，在华南地台及其毗邻地区发展起来的有花植物区系。

华夏植物区系学说涉及被子植物起源的时间、地点等重大问题，主要创见体现在三个方面：

第一，关于中国植物区系的起源，传统观点认为中国北方的植物来自泛北极区，南方的植物来自热带。张宏达梳理了自晚泥盆纪以来不同地层的古植物，按照植物系统发育的顺序排列起来，证明古蕨和种子蕨在华夏古陆的存在。同时对现生全球种子植物区系详加比较和分析，指出华夏植物区系具有最完整的植物系统发育构架，拥有保留了最多的原始和孑遗种、特有种和大量在系统发育过程各个阶段具有关键作用的科和目，以及它们的原始代表，提出华夏植物区系是在华夏古陆本地起源和发展的。

第二，关于被子植物起源的时间，多数学者认为是白垩纪或晚侏罗纪，张宏达从丰富的化石证据出发，提出被子植物的萌芽是在三叠纪或二叠纪晚期，由种子蕨发展出来前被子植物；在三叠纪或侏罗纪早期发展为原始的被子植物；被子植物的起源经过萌芽阶段、适应阶段、扩展阶段、全盛阶段；白垩纪是被子植物发展的全盛阶段，而不是被子植物的起源时期。张宏达以大陆漂移与板块构造学说，论证在联合古陆分离之前就已经出现了原始被子植物，各大陆分离后，发展出统一的被子植物系统，以此来解释地球植物分布的一致性和共通性。

第三，关于被子植物起源的中心，传统上认为是热带的印度阿萨姆与斐济之间，或者是在日本到新西兰之间。对这一观点，张宏达指出，无论是在现在植物区系上、化石证据上、地质史上都是不成立的。他对联合大陆出现分离到完全独立之后，各个大陆的地理和地质变迁的概况进行比较，得出结论：在原始被子植物出现的三叠纪、侏罗纪时期，只有华夏古陆（华南地台）最为稳定，从现存植物及化石植物论证了华夏植物区系最有可能是被子植物诞生的摇篮。

1958年，因主持中山大学生物学系《广东植物志》的编写工作，张宏达对广东占有优势的木兰科、樟科、壳斗科、金缕梅科、山茶科、安息香科、竹亚科、山矾科、海桐花科、马鞭草科的紫珠属等进行了全面的整理，在此基础上写成《广东植物区系的特点》一文，在1959年生物学系举行的科学研究报告会上发表，提出广东植物区系是本地发展起来的观点，否定了广东植物来自热带的说法。此文经不断完善，于1962年发表，论文发表前后，张宏达曾在多种场合做专题报告，1961年年底访问海南热带作物研究所，1963年在尖峰岭举行的林业科学讨论会和同年冬在湖南师范学院10周年纪念会上，都作了《广东植物区系的特点》的报告。每一次报告，都使张宏达对华夏植物区系的认识有所加深，产生了必须对华夏植物区系全貌进行深究的思想。

1974年，张宏达专注于华夏植物区系的研究工作，开始撰写初稿。为了解决被子植物的远祖问题，张宏达注意到种子蕨的系统发育问题。了解到种子蕨发源于古生代的泥盆纪，到了二叠纪达到全盛阶段，进入三叠纪，种子蕨开始衰退，到侏罗纪种子蕨基本上趋于灭绝。如果认为被子植物来自种子蕨的话，那么只能在种子蕨上升到全盛的二叠纪开始分化，因此认为被子植物之前就存在"前被子植物"，从"前被子植物"发展到"原始被子植物"。原始被子植物通过改造，使之在自然选择中达到适应，然后扩展到全球，形成现代的被子植物。

张宏达指出现生的被子植物中，较原始的昆栏树科、水青树科、云叶科、紫荆叶科、木兰科、金缕梅科，都是中国所特有，或者在中国最齐全、最复杂、属种数量最多，因此得出这些科属是起源于中国的结论。

张宏达充分利用各大陆的植物志资料、名录资料，以及20世纪初期以恩格勒为首的德国学派关于非洲、澳洲及南美洲的植物区系文献，胡克父子等研究澳洲及非洲植物区系的文献，美国学者在美国《阿诺德植物杂志》《密苏里植物园志》中发表的文献，通过对各大陆植物区系成分进行统计分析，并比较它们和华夏植物区系的联系，发现各大陆不但有各自的特有属种，而且都和华夏植物区系有不同程度的联系。从而证明，全球各大陆的植物区系具有共通性，这一事实又说明，传统上认为有花植物起源于第三纪或晚白垩纪不可信，因为白垩纪各大陆已完成了漂移运动，各大陆植物区系如此紧密的联系，植物的"间断分布"绝不能通过陆桥等迁移假设来实现，只能在联合古陆漂移之前就已经存在有花植物。

华夏植物区系学说论文初稿完成于1975年，1980年才正式发表。其间，张宏达在参加学术活动时经常就此专题进行演讲：1975年，张宏达出席在北京召开的《中国植物志》编委会扩大会议，曾在会议上散发报告；1977年，参加《四川森林》编委会时讲了这个专题；1978年7月在武汉参加教材编审会议时，为武汉大学生物学系的同学讲了华夏植物区系的问题；1978年，在昆明参加中国植物学会45周年年会时，张宏达正式宣读了本报告；1979年在香港中文大学为生物化学系师生讲了这个专题。

1983年9月，张宏达主持的《华夏植物区系的研究》获中国科学院科学基金资助立项，4年后通过项目鉴定。主要项目成果有：①《从印度板块的漂移论喜马拉雅植物区系的特点》：着重讨论印度植物与喜马拉雅植物的关系，进而探讨究竟是印度和喜马拉雅植物左右着中国植物区系，还是中国植物区系影响了印度及喜马拉雅区系。结论是印度植物区系是一个年轻的区系，它是在第三纪以后受华夏植物区系影响形成的。喜马拉雅植物不是孕育中国植物区系的摇篮，而是中国植物区系的第三纪后裔，西藏植物区系是华夏植物区系的支派，由云南植物区系直接演化来。②《大陆漂移与有花植物区系的发展》：以大陆漂移学说为理论依据，侧重研究各大陆植物区系的特点以及它们与华夏植物区系的联系，推论有花植物在中生代初期的三叠纪或侏罗纪就已经在统一的联合古陆存在。华夏古陆具有最多而且最古老的有花植物，它们只能是当地起源的，其他各个古陆或陆块在整个中生代分别处于冰川、海侵及干旱的条件，很难成为原始有花植物的发源地，只有华夏古陆在古生代末期及整个中生代都处于较稳定的状态，这里最有可能是原始的种子植物及有花植物起源的摇篮。

1971 年，辽宁煤田地质局研究所工程师潘广在华北燕辽地区东段中侏罗世海房沟组中发现了一批植物和动物化石，其中一些被他判断为被子植物化石。20 世纪80 年代，他在一些会议上发表了这个发现，引起轰动，报纸就此作了长篇报道。但因为没有照片以及更确凿的证据，不被学术界承认。1983 年 2 月，张宏达在《参考消息》上看到相关报道，认为这一发现可以为华夏植物区系学说提供新的证据。4 月，张宏达专程到沈阳，用3 天时间观察了潘广的化石，认为化石证据可靠，建议潘广把化石照片寄给古生物学家鉴定，并鼓励他写成论文发表。之后，张宏达和潘广在中国科学院林业土壤研究所（沈阳）分别作了华夏植物区系和燕辽海房沟组中侏罗世化石的报告，引起一定的反响。之后，张宏达一直和潘广保持着密切的联系，从20世纪80年代到2000年，两人频繁通信，分享在化石研究中的新发现。

潘广的发现为华夏植物区系学说提供了有力的证据，在学术界一片质疑声中，张宏达始终支持并信任潘广的工作。1988年起，中国科学院植物所、南京地质古生物研究所等单位组成研究队伍继续在潘广发现化石的地点进行研究。2000年以来，中华史氏果、中华星学花、潘氏真花等在侏罗纪地层中发现的被子植物化石陆续被报道。

1994年4月，张宏达的《再论华夏植物区系的起源》一文发表。文章首先对华夏古陆的位置进行了定义，指出在古生代时期，现在的中国大陆及其毗邻地区存在着被海侵所分割的许多古陆块，如东部的华夏古陆，中部的扬子古陆，西部的四川古陆、康滇古陆，北部的松江古陆、华北古陆，西北部的塔里木及唐古拉古陆，南部的广西陆块和北越古陆。中生代以后，燕山运动及印度支那运动连续出现，迫使海水从华夏等古陆之间退出，各陆块连成一块，出现一个新的华夏古陆，它的范畴，北起黑龙江和内蒙古，东北部包括日本的本部和朝鲜半岛，西北部包括准噶尔盆地中段，南部包括印支半岛、马来半岛、苏门答腊及加里曼丹，最西部包括第三世上升起来的喜马拉雅山地。

关于被子植物起源时间问题，张宏达提出，除了直接依靠化石证据外，还可以从蕨类植物和种子蕨及裸子植物的发展中得到启示：蕨类植物从志留纪—泥盆纪到全盛的晚石炭纪，经历了0.8亿～1亿年；裸子植物从晚泥盆纪到全盛的中生代，历时1.5亿年；而种子蕨从晚泥盆纪到极盛的二叠纪至三叠纪，也经历了1亿年。有花植物由前被子植物经过原始被子植物到全盛的白垩纪，不能少于裸子植物发展所需的1.5亿年。因此，被子植物的祖先的出现必不迟于二叠纪，现代被子植物形成的年代亦不迟于三叠纪。

张宏达对中国已知的11群种子蕨类进行分析，从它们的形态结构及出现和消失的年代，探讨它们与被子植物的关系。指出古生代后期的部分种子蕨，如大羽羊齿、舌羊齿，可能属于前被子植物，它们都已有别于一般种子蕨的形态，具有某些被子植物的特征。尤其是大羽羊齿类，体现出不断发展，逐渐趋于完善的过程，并且有与被子植物相类似的结构，属于前被子植物是可信的，加之它的种系繁复，又广泛分布于华夏古陆的各个角落，因此，华夏古陆作为被子植物的起源地是有说服力的。

张宏达列举了潘广发现的被子植物化石，证明中侏罗世已有大量现代被子植物存在。张宏达认为1980年在北美得克萨斯三叠纪地层大量出土的 *sanmiguelia* 可以作为原始的被子植物，正式提出三叠纪可以作为被子植物的新纪元。

1994年，张宏达出版了《植物区系学》一书，此书正式建立了"植物区系学"（*florology*）这一植物学分支学科，将其定义为研究地球或一个地区植物区系的起源与发展、地理分布及区系分区的学科。全书分八章，分别是：植物区系学与植物地理学、有花植物区系的起源、华夏植物区系、区域植物区系、科属植物区系、热带海洋植物区系、植物区系区划、植物区系与植被。此书全面反映了张宏达华夏植物区系学的研究成果。

关于被子植物起源的时间，部分外国学者，如坎普（Camp）、汤姆斯（Thomes）、埃姆斯（Eames）等人主张被子植物起源于古生代（二叠纪）。主要根据是普拉姆斯特德（Plumstead）在南非二叠纪地层中发现的舌羊齿具有两性的结实器官，被认为是被子植物的祖先。美国阿克塞尔罗德（Axelrod）和德国戈瑟姆（Gotham）曾提出被子植物起源于侏罗纪，德国的迈启耳（Melchior）曾提出被子植物起源于三叠纪。然而，这些观点一直受到不同程度的反对，大多数学者支持白垩纪起源说。

1975 年 5 月，张宏达在《中国植物志》编委会扩大会议上，将华夏植物区系学说的文稿分发给与会代表，曾引起小小的轰动。张宏达在《"华夏植物区系"问世的前前后后》一文中记载，他撰写文章时的见解是三叠纪起源，而分发的文稿为了对传统学派让步，降低调门，提出被子植物可能起源于侏罗纪。但与会代表只接受被子植物出现于白垩纪的传统观点，报告引起与会代表及旁听席上人们的反对。

在 1978 年的中国植物学会 45 周年年会上，张宏达宣读了《华夏植物区系的特点》，引起较广泛的反响和争议。大会主席吴征镒在上报中国科协和国家科委的《关于中国植物学会 45 周年年会的情况报告》中写到，张宏达的《华夏植物区系的特点》是"富有论据、分析精辟、具有我国特点的理论成果"。但张宏达的报告在会议上并未获广泛认同，大部分与会专家持不同的看法。

在 1979 年举行的青藏高原国际学术讨论会预备会上，张宏达提交了《从印度板块的漂移论喜马拉雅植物区系的特点》一文，曾获得部分与会者的赞许，但第二年青藏高原国际学术会议正式召开时，会议主持人认为被子植物起源于侏罗纪的提法从来没有人说过，外国书刊上也没有，大会不能接受这篇论文。从而正式揭开了争论的序幕。

张宏达撰写于 1975 年的《华夏植物区系的探讨》手稿（即《华夏植物区系的起源与发展》初稿），篇幅比正式发表时多了近一倍，论述更为充分。特别对被子植物何以在第三纪或晚白垩纪爆发式发生这一现象做了详尽的分析，提出了被子植物起源与发展的阶段性和可知论。在文章最后一章"问题讨论与结论"部分，明确指出"任何一个热带植物区系都没有像华夏植物区系这样完整无缺，因此华夏古陆最有条件被称为被子植物的摇篮，被子植物不是热带起源，而是亚热带起源""推想被子植物特别是原始被子植物出现于三叠纪也就不是完全无稽之谈。"在准备发表时，为淡化争议，张宏达将三叠纪起源改为侏罗纪，但还是遭受了很多阻碍。1979 年，《植物分类学报》曾同意接收论文，但审稿人认为被子植物起源于侏罗纪的提法不适合，只有改为白垩纪才能刊出。张宏达拒绝修改，选择在《中山大学学报》刊出。

1983年，张宏达看过潘广的化石后，考虑到《内参》和《参考消息》先后两次对海房沟组化石进行了报道，认为行政领导应该看过消息，而且潘广经常出席国际会议去报告他的发现，同行中虽有人反对，也有人赞许。考虑到国际上的意见有可能反馈到国内，应该事先让植物学界人士有所了解，于是张宏达给两位植物学院士写信，请他们给予关注。1985年，一位院士特意到潘广处看化石，认为化石证据可靠，当他返回北京在一次座谈会上介绍化石的情况时，与会者全部反对，他只好作罢。由于人们的反对，潘广的化石无法获得承认。

1983年，潘广写了一篇《华北燕辽地区侏罗纪被子植物先驱与被子植物的起源》，送到《科学通报》，经送审后，认为不可靠而退稿。潘广要求编辑部复审，文章终于在1983年第24期刊登。由于潘广的报道比较简略，只有拉丁属名，既无照片，也无描述，徐仁在《科学通报》1986年第6期发表了《果真华北燕辽地区侏罗纪地层中出现了被子植物吗？》一文，否定潘广的大多数化石的可靠性。《科学通报》编辑部在发表徐仁的论文之前，曾征求张宏达的意见，张宏达答复编辑部，文章应该刊登出来，以便就这一学说展开更有效和更深入的争论。

1989年11月,《中国种子植物区系研究》申报国家自然科学基金重大项目获得立项，课题组组长为吴征镒，副组长为张宏达、路安民，项目参与单位11家，科研人员百余位。设立4个二级课题:《中国特有科属的区系地理研究》《关键地区和研究薄弱地区的植物区系研究》《白垩纪特别是新生代以来中国植物区系的发展与演变》《中国种子植物区系中重要科属的起源、分化和地理分布的研究》。吴征镒、张宏达、李锡文具体负责第二子课题《关键地区和研究薄弱地区的植物区系研究》。

项目从研究阵容来看几乎是倾全国之力，内容之宏大也是前所未有的。张宏达是课题组的副组长，与组长吴征镒共同组织研究工作的开展，并合作进行第二子课题的研究，而事实上，吴征镒与他在中国植物起源上的观点是有分歧的。

同样作为杰出的植物学家，吴征镒与张宏达最主要的学术合作，同时也是学术争鸣，是在植物区系和植物地理学方面，他们先后在这一相同领域各自发表过既有共性也有分歧的学说，彼此都比较关注对方的研究成果。

1964 年，吴征镒在亚非科学讨论会上提出了"北纬20°—40°的中国南部、西南部和印度支那地区是东亚植物区系的摇篮，也是北美洲和欧洲等北温带植物区系的发源地"的论断。这一学说，和塔赫他间（Takhtajan）在 1968 年提出的学说相近，都赞同热带起源。1965 年，吴征镒的论文《中国植物区系的热带亲缘》在《科学通报》上摘要发表，对热带起源说进一步阐述，认为整个被子植物区系是在泛古大陆上的热带地区发生的，在中国南部与东南半岛北纬 20°—40°的地区，最富有特有的古老科属，认为这些第三纪热带区系可能是近代东亚与温带植物区系的开端，甚至是北美和欧洲植物区系的发源地。吴征镒强调被子植物的热带起源，张宏达的学说偏重于亚热带发生。然而，他们的学说也有共同之处，比如都认为中国南部是被子植物起源的关键地区之一，中国（华夏）植物区系的主体是就地发生的，间断分布要用大陆漂移理论来解释等。中国植物学会主编的《中国植物学史》（1994 年）关于张宏达华夏植物区系学说的表述是："不少学者对他的论断持怀疑态度，因为缺乏可靠的证据。"对吴征镒的观点则给予了较高的评价。然而，在中国植物学会 45 周年年会上，吴征镒作为大会主席却对张宏达的创见给予充分认可，体现了科学工作者的胸襟。

在《中国种子植物区系研究》课题研究中，两位科学家通力合作，力求深化和完善已有的学说。1996年项目验收时，在第二子课题《关键地区和研究薄弱地区的植物区系研究的总结报告》（李锡文执笔）中，对于被子植物起源地点的结论为："中国种子植物区系在起源上不能一概而论说是热带起源，虽然中国种子植物区系大部分与热带有千丝万缕的联系，实际上有些科属是在古北大陆靠北的地方产生，广大的亚热带地区当然也有可能产生。这种中国种子植物区系多元观点，也许是弥合我国两大区系学派的新观点，更有利于阐明中国种子植物区系的起源发生"。在第四子课题《中国种子植物区系中重要科属的起源、分化和地理分布的研究的总结报告》中提出："对被子植物白垩纪起源的学说提出了疑问，特别是对于那些间断分布于南、北半球的类群的分析，它们很可能起源于联合古陆，因此被子植物起源的时间就要追溯到侏罗纪，甚至三叠纪，至少在这个时期被子植物的祖先类型（或称前被子植物）已经得到强烈的分化，孕育出不同演化分支的祖型，因此，对于白垩纪被子植物爆发式的出现变得可以理解，不再是'令人不解之谜'。"验收专家委员会主任李星学宣读验收报告，对项目的研究成果给予了高度评价，评为 A 级（优秀）。

1996 年 7 月，张宏达到昆明参加"东亚植物区及生物多样性"国际学术会议，东亚植物区是《中国种子植物区系研究》课题提出的地球植物区系的一个新分区，这个分区方案与张宏达在 1994 年提出的地球植物区系分区提纲也有不同，但都是把中国（东亚、华夏）植物区提升为独立的植物区，是对传统植物分区的突破。会上，张宏达赋诗《东亚区系会议有感》："青山踏遍穷真理，万卷鸿篇等身书。东亚区系联寰宇，同归不厌道途殊。"表达了他与吴征镒持科学态度，通力合作，实现殊途同归的欣慰之情。

2003 年 8 月，《中国种子植物区系研究》又经过 7 年的研究，最后通过专家鉴定，项目提出的重大成果包括种子植物起源可能在侏罗纪，被子植物"多系、多期、多域"起源，中国植物区系来源是多元的，但其主体是就地发生的。此结论虽然和张宏达的华夏植物区系学说观点不十分一致，但从根本上支持了被子植物早于白垩纪起源的观点。

关于华夏植物区系学说的争论以及发展方向，张宏达认为："传统的区系学者和系统学者都很重视化石的证据，这是无可非议的，问题在于有些学者看到了可靠的证据之后，能够改变自己的看法，并有勇气承认现实的存在，但另一些学者可能坚持传统的成见，对新生事物视若无睹，反而在证据面前不知所措。潘广的文章给人们提供信息，它证实被子植物存在于中侏罗纪，并没有完全解决被子植物起源的时代。据推理，中侏罗纪存在着现生的枫杨，则被子植物起源时代应在三叠纪，而原始被子植物出现的年代绝不迟于早三叠纪，因此寻找原始被子植物化石应在三叠纪，大羽羊齿类的心叶大羽羊齿及烟叶大羽羊齿等植物的叶形十分近似被子植物，应该分别到它们的产地福建龙岩和湖南永兴去深入发掘。"

华夏植物区系学说的研究从 20 世纪 50 年代开始，直至 21 世纪初，张宏达还在进行不断地深入研究，50 年磨一剑，对传统权威学说的质疑使整个学术界为之震动。在华夏植物区系学说引发的争议中，张宏达努力发出自己的声音，让我们看到学者的勇气和坚守。无论学术界是否认可，都不能否定张宏达的创新精神和对科学的执着。

张宏达对华夏植物区系学说的信念在他与老友徐燕千的诗词唱酬中有最淋漓的表达：

贺张宏达教授巨著问世

徐燕千

植物区系学，探索其起源。

演化令人惑，争论百多年。

发掘子遗种，化石穷本原。

二迭花出现，种子植物门。

华夏区系始，全球科属蕃。

建立新学科，学说归一元。

和徐老原韵

张宏达

区系本无学，何从论起源。

众说多妄惑，迷惘年复年。

不得原始种，无由谈本原。

三迭化石现，揭开系统门。

有花接踵始，霎时种系蕃。

独立自成科，开辟新纪元。

张宏达提出了一个单元多系的种子植物分类系统，这是继 1950 年胡先骕发表《被子植物分类的一个多元系统》之后，第二个由中国人提出的种子植物分类系统。

1986年，张宏达发表了《种子植物系统分类提纲》，经不断修订，2000年，《种子植物新系统》发表。2004年，张宏达与黄云晖、缪汝槐、叶创兴、廖文波、金建华合作的学术巨著《种子植物系统学》由科学出版社出版。

《种子植物系统分类提纲》第一个重要的创见是取消了被子植物和裸子植物的划分。传统的分类学把胚珠生于闭合心皮的有花植物称为被子植物，其余的种子植物归入裸子植物。张宏达认为，银杏、苏铁类、紫杉类、罗汉松类的胚囊外围的珠被里都出现维管束形成层行次生生长来保护种子，它们是特殊果实。真正的裸子植物，只有松柏类植物。把种子的不同进化阶段分为"裸子"与"被子"的分类法，显然是人为的，应广泛称为种子植物。

张宏达不同意有花植物起源的多元论和二元论。认为有花植物来自种子蕨，从子房及胚珠的结构来看，它的祖先只能是具有异形孢子和孢子叶的原始种子植物。同时提出多心皮派单元单系的思想与有花植物的系统发育实际是不相符的，现代生存的类型，不管是木兰目、柔荑花序类、水青树目、昆栏树目、金缕梅目、睡莲目、泽泻目等都是由不同的原始祖先演化出来的，它们之间是不连续的，彼此之间缺乏直接的亲缘关系。

张宏达认为，不能排除已消亡的原始有花植物，仅以现生的有花植物孤立地探讨有花植物系统。种子植物经过简单到复杂，不完善到完善的改建，才从原始种子植物发展为原始有花植物和现在的有花植物。

《种子植物系统分类提纲》把全部种子植物分为10个亚门：种子蕨亚门、舌蕨亚门、松柏亚门、银杏亚门、苏铁亚门、开通亚门、中华缘蕨亚门、紫杉亚门、盖子亚门、有花植物亚门。有花植物亚门亦采用单元多系的分类，把昆树亚纲、柔荑花序亚纲与多心皮亚纲并列。

张宏达于2000年发表的《种子植物新系统》，将1986年发表的分类系统调整为6个亚门：前种子蕨植物亚门、蕨叶种子植物亚门、肉籽植物亚门、松柏植物亚门、前有花植物亚门、有花植物亚门。将原来的种子蕨亚门分为前种子蕨亚门、蕨叶种子植物亚门、肉籽植物亚门、前有花植物亚门。认为前种子蕨的发现使蕨类植物过渡到种子植物有了明确的桥梁，使种子植物的系统发育过程进一步完善并易于理解。蕨叶种子植物发展到了二叠纪，无论营养器官或生殖器官都发育到新的阶段，它们具有雏形有花植物特征，因此建立了前有花植物门。

2004年出版的《种子植物系统学》以亚门、纲、目和科为主线，以典型属、种为代表，对各类群特征进行了系统排列和描述。创新性主要体现在以下几个方面：①梳理了古植物化石，将它们纳入分类系统，构建了自种子蕨以来一个完整的一脉相承、承前启后的种子植物新系统，是一个单元多系的系统进化分类系统；②新成立蕨叶种子植物亚门、肉籽植物亚门、昆栏树亚纲、柔荑花序亚纲、多心皮亚纲等新等级，体现了植物系统发育的创新观点；③将种子蕨类区分为前种子植物、蕨叶种子植物、肉籽类、前有花植物，把原始的有花植物与蕨叶种子植物类和进化的种子蕨类（前有花植物）如大羽羊齿类联系起来，揭示了其可能的发生地和演化路线；④重新认识了"种子"的概念。认为裸子植物不是一个自然类群，将种子植物划分为裸子植物和被子植物存在着明显的局限性。

据张宏达的弟子叶创兴统计，在分类学领域，张宏达先后对17个科进行过研究，其中投入最多精力、研究最为精到、产生最多成果的无疑是山茶科。在这个科，他建立了 3 个新属，命名了 217 个新种。毛叶茶和苦茶这两种饮用茶新资源的发现，对改善人民生活有重要意义。确定阿萨姆茶原产地为中国，并将其中文名改为普洱茶，使他得到了"普洱茶之父"的美誉。

山茶属是山茶科中最大的属，约 80% 以上的种类主要分布在中国西南和南部的广西、云南、广东、贵州、四川和湖南等省区。山茶属植物因分为饮用茶和茶花，长期被分为茶属（*Thea*）和山茶属（*Camellia*），1818年，斯威特（Sweet）提议将茶属与山茶属合并，学名统一为 *Camellia*。在积贫积弱的旧中国，很多山茶标本都由外国植物学家采集，模式标本保存在国外。由于标本条件的限制，分类主要由外国人包办，但由于他们只看标本，没有野外实践，山茶属分类系统显得较为粗糙。

1958 年，英国学者西利（J.R.Sealy）对山茶属植物作了综合性校订工作，发表了专著 *A Revision of the Genius Camellia*，肯定了本属的 82 个种，分为 12 个组。西利的工作对张宏达有一定启发作用，他认为，西利的专著是研究山茶植物的重要文献，不足之处在于分组之后没有强调它们的系统关系，某些种类的分组位置不够准确。另外，由于中华人民共和国成立后开展了植物资源的广泛调查，新种被大量发现，更加有必要对西利的工作进行修订和补充。山茶属植物主要分布在中国，中国的植物学家最有条件也最有义务对其进行系统的研究。

张宏达把大量精力投入山茶属植物的研究，利用中山大学和华南植物研究所丰富的馆藏山茶标本，夜以继日地开展研究工作。他跑遍全国的标本馆，查阅了中国境内所有的馆藏山茶标本，又到川西等地进行采集，积累了大量资料。1981年，其专著《山茶属植物的系统研究》由《中山大学学报》编辑部出版，这是继西利之后建立的第二个有影响的山茶属植物分类系统，由西利的82个种增加到196个种。

基于渊博的植物分类理论知识、丰富的野外工作实践和全面的标本资料，张宏达的山茶属分类系统科学严谨，同时注重实践性。在山茶属的系统架构里，划分为亚属、组、亚组、系、种5个等级，与元素周期表类似，利用这个5级系统，只要拿到一个种，就能由它的花果形态特征查到它的种名。

张宏达建立的4个亚属分别是原始山茶亚属、山茶亚属、茶亚属和后生茶亚属。张宏达认为，关于山茶属的范畴和属的划分，过去学者的缺陷在于对山茶属的系统发育了解得不够充分，曾经把山茶属分割为许多属。

张宏达指出，山茶亚属、茶亚属及后生茶亚属之间的确是界限分明、彼此不相混杂的，把它们划分为3个属是说得过去的，但第一个亚属的种类却兼具3个亚属所共有的特征，不可能把它们归进3个亚属的任何一群里去，也不能当作独立的属来处理，这样会使得分属的界限不清，并破坏了山茶属的自然系统。

张宏达对山茶属植物的地理分布进行了详尽的整理，指出山茶属的分布中心在中国的西南部及南部，根据山茶属植物在系统学上的完整性和分布区方面的集中性，认为中国南部及西南部不仅是山茶属植物的现代中心，也是它的起源中心。山茶属是山茶科里具有较多原始特征的一群，是山茶科最原始的代表，因此有理由认为，山茶科植物是在中国南部起源和发展起来的。

饮用茶在茶亚属中的茶组内。广泛利用和栽培的茶有两种，一是普洱茶，二是茶。普洱茶原名阿萨姆茶，1823年英国军人布鲁斯（R.Bruce）在印度与中国交界的阿萨姆发现类似野生的大茶树，被瓦利奇（Walich）定名为 *Camellia scottiana*。当时的东印度公司垄断全球茶叶贸易原料，主要采购的是印度茶叶，为了自身的经济利益，提出茶树原产地在印度的论调。1844年，英国学者马斯特斯（Masters）把在阿萨姆栽培型茶树上采的标本命名为阿萨姆茶（*Thea assamiga*），后来一位日本学者把阿萨姆茶作为茶的变种，重新命名为 *C. sinensis var.assaminca*。张宏达把阿萨姆茶的中文名改为普洱茶，认为普洱茶是中国原产，从茶属的地理分布看，普洱茶分布到印度阿萨姆的可能性不是不存在，但由人类的活动引过去的可能性更大。

张宏达的《山茶属植物的系统研究》发表后，从事山茶属分类学的研究人员大多基于张宏达提出的分类系统进行研究。1984 年，该书被翻译成英文，由美国俄勒冈州的廷伯出版社（Timber Press）出版，在世界范围内引起强烈反响，被誉为山茶属植物里程碑式的著作。1983 年 11 月，获广东省科技成果奖三等奖；1986 年 5 月，获得国家教委科学技术进步奖二等奖。

1982 年，小黄花茶新种被发现，经李永康鉴定并命名，张宏达在山茶属山茶亚属下建立小黄花组。同年，张宏达和叶创兴发表论文《中国山茶科植物新纪录》，发表了折柄茶属的 3 个新种和紫茎属下的 2 个新种。

1983 年，张宏达发表论文《山茶科植物增补》和《山茶科植物增补（续）》，记载了石笔木属的 12 个种，大头茶属 4 个种，木荷属 7 个种，核果茶属 4 个种，折柄茶属、厚皮香属、柃属、多瓣核果茶各 1 个种。

1984 年出版的《华南山茶新纪录》，发表了 7 个新种。同年，张宏达发表的《茶叶植物资源的订正》一文，将《山茶属植物的系统研究》中 17 个饮用茶品种增加到 32 种和 3 个变种，其中有 12 个新种、1 个新变种。在此文中，张宏达指出在形态特征上，普洱茶与茶有明显区别，从而将普洱茶定为独立种。从分布区看，把普洱茶独立为种是正确的，因为它和茶的分布区是不同的，普洱茶分布通常在北回归线以南，栽培区域亦不能超过南岭，而茶的分布纬度要高许多，可以越过秦岭。

1985 年，张宏达撰写的《增广茶经》发表在香港《明报月刊》上，它不是完全的学术论文，写作目的是"唤起和推动各界对祖国山茶植物资源的开发和利用"。文章首先从中国人饮茶的角度，证明中国种植和利用茶叶有悠久的历史，茶树是中国的原产植物。张宏达指出："世界各国的种植茶叶都是从中国引去的，日本在唐代和中国往来极为密切，就在这个时期，茶叶种植由中国引了过去。近代种植茶叶最盛的印度和斯里兰卡是英国在 1600 年成立东印度公司之后推广开来的。在这以前，印度的阿萨姆已有栽种茶叶的习惯，根据当时东印度公司派往阿萨姆调查茶叶的布鲁斯的报告，当地的茶叶是掸族人从远东带回去栽培的。"张宏达反驳了植物学界部分人认为茶树原产印度的说法："鼎鼎大名的英国植物学家哈钦逊（即哈钦森，J.Hutchinson）也错误地认为普洱茶原产阿萨姆，这是一个不可原谅的过失。查遍印度出版的古籍，从来没有关于茶叶的记载……现在已经查明，在云南西双版纳勐海县内的南糯山一带保存有很多野生的大茶树，树干直径达80厘米，树高15米，嫩枝和叶均披有短柔毛，叶片干后变黄褐色，和中国东南各省栽培的中国茶树完全两样，它们就是普洱茶的野生种，也就是印度和斯里兰卡栽培的大叶茶的野生种。"

　　1988年，张宏达、叶创兴等人发表论文《中国发现新的茶叶资源——可可茶》，可可茶即张宏达在1981年发表的毛叶茶（*Camellia Ptilophylla*）新种。1983—1987年，张宏达承担中国科学院科学基金项目"山茶植物的综合研究"，目的之一是筛选优秀茶叶品种，开发饮用茶植物资源。通过将在广西、广东、云南、贵州等山茶植物重点分布区采集到的上千号标本制作成茶叶样品，进行化学成分测试和分析，发现毛叶茶不同于其他饮用茶，所含嘌呤类生物碱成分以可可碱为主，只含微量的咖啡因，具有特殊的保健作用，适合不能饮用普通茶的人，如神经衰弱患者、年老体弱者饮用。叶创兴根据毛叶茶富含可可碱的特点，建议改称其可可茶。可可茶的研究成果公布之后，引起很多企业，包括美国、日本等国家企业的重视，要求合作开发可可茶。

1990 年，张宏达发表的《中国山茶科植物新种》报道了中国山茶科植物 18 个新种和 1 个新亚种。

1991 年，张宏达、任善勤发表了《亚洲热带地区的山茶科新种》，这篇论文是 1989 年张宏达与任善勤夫妇到美国进行学术访问时，对美国国家自然博物馆史密森尼研究院、哈佛大学阿诺树木园及密苏里植物园等馆藏山茶标本进行研究的基础上完成的，报道了山茶科山茶属 7 个新种，石笔木属 3 个新种，分布于吕宋、加里曼丹、印度支那、泰国和中国台湾。山茶属和石笔木属原来是东亚亚热带所特有，个别的种分布到亚洲热带。本文报道的新植物，不仅扩大了山茶科在亚洲热带的分布区，同时也论证了上述各地在地史上曾经是华夏古陆的一部分。

1991 年，张宏达、叶创兴发表了《关于金花茶学名的订正》。1965 年，胡先骕报道了原产于中国广西的具有金黄色花的山茶属植物，引起国内外植物学界和园艺学界的高度重视，胡氏命名为 *Theopsis Chrysantha Hu*，10 年后，日本津山尚将它合并为 *Camellia Chrysantha* (*Hu*) *Tuyanma*。张宏达、叶创兴通过对模式标本进行详细研究，确认胡先骕发表的 *Theopsis Chrysantha Hu*，实际上是戚经文在 1948 年已经发表的 *Camellia Nitidissima Chi*，依据《国际植物命名法规》关于优先权的条款，对金花茶的学名进行了订正和合并。同年，张宏达发表论文《金花茶组植物订正》（英文）。早在 1979 年，张宏达发表的《华夏植物区系的金花茶组》就建立起金花茶组，当时包括 7 个种；在 1981 年的《山茶属植物的系统研究》中，金花茶组包括 9 个种。此后，由于金花茶具有很大的园艺观赏价值，许多植物学家都很感兴趣，在 10 年间发表了 20 多种金花茶。在这股热潮中，不可避免地出现一些混乱，因此张宏达撰写了此文。同年发表的《四川红山茶的新分类群》发表了 5 个红山茶新种。《山茶属瘤果茶组植物分类》（英文）将瘤果茶组植物由 1981 年的 6 个种增加到 17 种，其中 4 个新种。1992 年发表的《中国山茶科新植物》，记载山茶科山茶属油茶组 2 个新种及 1 个新变种，毛蕊茶组 1 个新种，木荷属 1 个新种。

根据《国立中山大学日报》1940 年 6 月 20 日《各学院助教向教务处报告研究工作进行》的报道，张宏达此时已经进行山茶科的研究，把这看成肇始，则他对山茶科的研究持续了 60 余年，最终在这一领域建立起公认的权威地位。山茶花又名曼陀罗，是传统的观赏花卉，中国十大名花之一。张宏达的弟子叶创兴说，他的老师喜欢热闹，喜欢做大花的，比如山茶、金缕梅、木樨等。他说："王伯荪老师说：'他就搞漂亮的，不漂亮的他不搞。'我也不知道是不是这样，但我发现，他搞过的都是看着比较好看的科。"山茶是美的，作为一位天才的植物学家，张宏达对这种美心有灵犀，所以他钟爱山茶。张宏达之所以专注山茶科研究，主要的原因还是为了推动国家经济建设，改善人民生活条件。山茶属植物具有重要的经济利用价值，其种子含油率高，是重要的食用油和工业用油资源；山茶花极具观赏价值，是很好的园林绿化树种，开展山茶植物的研究，对促进社会经济有重要的意义。正因为如此，他对山茶科的研究并未停留在分类学上，他和弟子在山茶植物资源的开发和利用方面做了大量工作。可可茶和苦茶的产业化已有一定进展，这两种茶饮正在进入千家万户。

一个国家的植物志是掌握和利用本国植物资源的重要依据和发展有关学科的必需基础。1934年，胡先骕在中国植物学会第二届会议上首先提出编写《中国植物志》，但当时的中国不具备开展这项宏大工程的条件，这一愿望直到中华人民共和国成立后才得以实现。

中华人民共和国成立后，中国科学院先后在华北（北京）、东北、华东、华南、西南等地成立了以植物分类学为基础的植物研究所，组织了全国范围的资源普查和科学考察，采集了大量的植物标本。1950年8月中国科学院在北京召开全国植物分类学工作会议，首次正式提出了编写《中国植物志》的任务。1956年，中国科学院在科学技术发展远景规划会议中，将编撰《中国植物志》列入生物系统分类和资源开发利用规划的项目中。1958年，《中国植物志》编研工作启动，钱崇澍、胡先骕等26位植物学家联名在《科学报》上倡议编写《中国植物志》。1959年10月正式成立《中国植物志》编辑委员会，钱崇澍、陈焕镛任主编，秦仁昌任秘书长，当年出版了首卷《中国植物志》。

1961年9月，张宏达参加了中国科学院《中国植物志》编辑委员会第二次（扩大）会议，在会上接受了金缕梅科、冬青科、龙脑香科等编写任务。1973年10月，在广州召开了"中国植物志、孢子植物志、中国动物志"会议，对之前确定的编写分工做了调整，确定由张宏达承担金缕梅科、海桐花科、悬铃木科、山茶科、杜英科、椴树科、桃金娘科的编写任务。事实上，张宏达在1972年已完成《中国植物志》金缕梅科的收尾工作，还收集积累了其他科属资料，准备下一阶段《中国植物志》的编写工作。

1979年，张宏达与颜素珠合著的《中国植物志》第35卷第2分册（海桐花科·金缕梅科·杜仲科·悬铃木科）出版。对金缕梅科的研究在以前的5个亚科基础上，成立第六个亚科壳菜果亚科，阐明金缕梅科起源于中国，6个亚科全部见于中国，其中比较原始的5个多籽的亚科基本上局限于中国（枫香属例外）。海桐花科经整理后在中国的分布由27种增加到44种。1980年12月，该成果获广东省高等教育局颁发科技成果奖二等奖。

1984年，张宏达和缪汝槐、陈介等人合著的《中国植物志》第53卷第1分册（使君子科·桃金娘科·野牡丹科）出版，桃金娘科发现一个新属多核果属，23个新种，对于本科三大中心之一蒲桃属的整理，使中国蒲桃属增加到73种，指明它的分布区，从而使人们对这个南半球常见的科属在中国区系的位置增进了理解。对引种的桉属进行了可靠的鉴定和叙述，使读者对这个多变和天然杂交的属有了较明晰的认识。

张宏达和缪汝槐合著的《中国植物志》第49卷第1分册（杜英科·椴树科）于1989年出版，发表了椴树科新属蚬木属和33个新种，丰富了中国热带科属的内容，特别是椴树科的椴树属，以往被认为是北温带的区系成分，张宏达、缪汝槐指出椴树属是以中国亚热带为中心的事实，对本科的起源与分布发展提供了新的资料。

1990 年，《中国植物志》上述 3 个分册申报国家教委科技进步奖，华南植物研究所研究员黄成就的评审意见是："张宏达教授申报的上述编著系 3 人（张宏达、缪汝槐、颜素珠）合作成果，但张宏达的工作量最多。三卷共收载合法的种及种下等级不少于 400 单元，其中的金缕梅及杜英科是张宏达数十年来不曾间断的科研课题，经长时日的专心钻研，所得结论有其高见之处。至于难度颇高的另一科属，尤以原产澳大利亚，约于 90 年前开始，20 世纪 50 年代以后陆续引进我国栽种的桉属植物的学名鉴定问题，在只有少数文献可稽，又欠缺可靠性高的标本作对证的条件下，全部经国外引进我国约 80 个分类单元中，他明确地鉴别出 27 个种的学名，这项工作是很费精力的。侯宽昭教授于 1956 年出版的《中国栽培的桉树》一书，张宏达更正了其中的一些错误鉴定之外，尚增编了一些种类。"1990 年 12 月，张宏达主编的《中国植物志》3 个分册获国家教委科技进步奖二等奖。

1986年3月，张宏达与《中国植物志》编辑委员会签署《编写协议书》，承担山茶科的编写任务。后来在张宏达的建议下，山茶科志分为2册，山茶亚科由张宏达承担，厚皮香亚科由林来官承担。1998年，张宏达、任善勤合作的《中国植物志》第49卷第3分册（山茶亚科）出版。

《中国植物志·山茶亚科》记载了中国山茶科山茶亚科植物9属319种，在20世纪60年代7属120种的基础上，增加了266%。20世纪80年代以来，张宏达曾3次到金沙江流域收集红山茶，共得16个新记录。通过杭州茶叶研究所组织的茶叶资源调查，深入云南每个县的大部分乡镇，使茶组植物由80年代的17种增加到31种。在《中国植物志》编撰过程中，对争议较多的金花茶组植物，张宏达使用了大分子序列测试技术进行分类上科下及种间的鉴定。

这一时期，张宏达在分类学方面发表的大部分论文都是与《中国植物志》的编写任务相关的，如1978年和缪汝槐合作发表的《椴树科蚬木亚科的系统分类》，1979年发表的《中国海桐花植物的新种》，1979年发表的《中国杜英科植物新分类群》，1982年与缪汝槐合作发表的《中国桃金娘科植物补遗》，同年的《中国椴树科新种》等。在《中国植物志》的编撰过程中，张宏达对桃金娘科桉属植物进行了深入研究。1992年2月，"中国桉树"研究课题获广东省林业厅科学技术进步奖一等奖。

《中国植物志》从1958年开始正式启动，1959年首卷出版，到2004年全面出版，历时45年。《中国植物志》是一部全面描述和记录中国维管植物的巨著，全书5000多万字，总计301科、3408属、31142种，绘制了9080幅图版，是迄今为止世界上已出版的篇幅最大和记载植物种类最多的植物志，也是关于中国维管植物最完整的志书，为全面认识和了解中国植物资源奠定了基础，是生态环境保护及可持续发展的重要科学依据。

1998年5月，张宏达获中国科学院《中国植物志》编辑委员会颁发的成果奖。2010年1月11日，中共中央、国务院在北京人民大会堂隆重举行国家科学技术奖励大会，由中国科学院植物研究所、华南植物园、昆明植物研究所联合申报的"《中国植物志》的编研"获得国家自然科学奖一等奖。该奖项自2000年以来，11年内7次空缺，说明此奖项把关极严，获得这一荣誉是多么难得。《中国植物志》10位获奖人分别是中国科学院植物研究所的钱崇澍、王文采、陈艺林、陈心启、崔鸿宾，华南植物园的陈焕镛、胡启明，昆明植物研究所的吴征镒、李锡文和中山大学的张宏达，张宏达是唯一一位来自高等院校的获奖者。张宏达主持了《中国植物志》4个分册的编写工作，1980年11月14日，当选《中国植物志》编辑委员会委员，在布置任务、审稿和评议中作了很多贡献，他负责的4个分册，体现了较高的学术水平，作为编写人员的代表，获得国家自然科学奖一等奖当之无愧。虽然最后的获奖者名单里只有4个单位10位专家，但它的成功背后凝聚着几代人、几百位科学家和管理工作者的心血，先后有312位植物学家和164位绘图人员参与，历任正副主编和编委187人次，先后参加编写的单位超过83个。《中国植物志》的编研是一项巨大的系统工程，实现了中国几代科学家的夙愿。

从1982年开始，张宏达便参与香港植被的研究。香港植被的研究课题由香港嘉道理农业辅助会委托并提供资助。嘉道理农业辅助会于1951年由香港嘉道理家族（犹太裔）成立，当时大批难民涌入香港，不少人散居新界，以务农为生。嘉道理家族关注到这些农民生活艰苦，成立嘉道理农业辅助会，协助农户"自助人助"，自力更生。该会的工作得到国际认同，曾被形容为"当世最具效益的私人慈善项目之一"。该会每年提供经费用于资助与农业相关的科研项目，在香港中文大学的促成下，张宏达等人到香港开展对香港植被的研究，嘉道理农业辅助会提供项目资助，除科研经费外，还承担往返穗港的旅费和在港生活费，并且帮助联系香港渔农处等政府机构，为研究工作提供便利。

香港植被的研究工作从 1982 年开始，直到 1988 年，每年至少到香港进行一次考察，每次为时 1 个月左右。项目以张宏达、王伯荪为首，胡玉佳、缪汝槐、张志权、余世孝、陆阳等青年教师和研究生参与。每次实地考察，张宏达和王伯荪都会参加，为了更好地培养和锻炼人才队伍，每次带的青年教师或研究生不同。

1982 年 8 月下旬，张宏达、王伯荪、缪汝槐、胡玉佳等人开始第一次香港植被调查，考察了大雾山南北坡的植被，合作完成了 3 篇论文，分别是《九龙大雾山北坡的自然植被》《九龙大雾山北坡的植物群落》《九龙大雾山南坡的自然植被》。

1983 年 6 月，张宏达等人对九龙半岛城门大围的森林群落进行系统取样，分析研究其区系组成、外貌、结构等几个基本特征，合作完成系列论文《九龙半岛城门大围森林群落分析》Ⅰ－Ⅱ:《外貌与结构》和《物种多样性》。

　　1984 年暑假进行张宏达等人第三次调查，并发表成果《香港地区的红树林》。同年，王伯荪、张宏达、毕培曦（香港中文大学）、钟焰兴（嘉道理农业辅助会）根据此前在九龙的考察撰写了《香港九龙地区自然植被简介》，张宏达根据前 3 次考察撰写了《香港植被和自然景观》。

　　1985 年 8 月底、1986 年 9 月、1987 年 1 月，张宏达等人又先后对香港进行 3 次植被调查，发表了《香港岛的植物群落》等 10 余篇论文。

　　通过对香港植被考察的研究资料和成果进行全面整理，完成专著《香港植被》。最初，项目组建议由科学出版社出版，但科学出版社出版周期长，故又联系中山大学出版社。因为课题由香港资助出版经费，中山大学出版社要求用港币支付出版费，张宏达不同意，他说："我们有港币，要在香港买仪器回来，可以申请免税，我不能把它投到出版费里。"因此放弃由中山大学出版社出版。最后《中山大学学报》编辑部主动提出，以学报名义出专刊。尽管项目组很多成员都反对，但为了使科研成果尽快面世，张宏达还是决定由《中山大学学报》编辑部出版。这反映了张宏达淡泊名利的一面，但也造成了遗憾，对香港植被的研究本来足以填补国内，乃至世界同类研究的一个空白，如果由科学出版社正式出版，无疑能获得国家级的科学奖励，但以本校学报专刊的形式出版，降低了影响力，导致参评国家教委科技进步奖时落选了。

《香港植被》专著首先提出热带过渡到亚热带这个过渡带的植被分类原则，按系统及分类单位来进行群落分类。由于华南这一过渡带人烟稠密，自然植被破坏无遗，而在九龙半岛以及香港地区各岛屿仍然保存着许多小片的残林，这些资料填补了华南这一过渡带的植被空白。它的特点是在区系成分上有较大量的热带成分，并且构成了群落的建群种，例如，黄桐群落在香港仔是群落的优势种，并且构成单优林，而在鼎湖山，黄桐只是单株散生。

《香港植被》一书对香港地区的植被进行了详细的分类，并采用现代植被群落学研究方法进行结构分析和多元分析，阐明热带—亚热带过渡地带的植被，它有别于热带，也和中国南部典型的亚热带常绿阔叶林在结构和成分上形成差别。

《香港植被》对香港植物区系进行了分析，提出热带植物起源于亚热带，在三叠纪末印度支那造山运动把印支半岛、马来半岛、苏门答腊和加里曼丹等和华夏古陆连成一片，发源于中国亚热带的有花植物得以扩散到热带地区，白垩纪后，随着气候分带，引起区系分化，才形成现代的区系分布情况。否定了传统上认为亚热带区系来自热带的设想。中国热带植被面积不大，但中国亚热带植被却是全球最广大、最完整，也是唯一的。关于热带过渡到亚热带植被的过渡带，以前没有报道过。所以《香港植被》是填补空白的工作，特别是填补了中国植被研究的空白。

20世纪60年代，香港大学曾经出版过香港植被的文献，但很简单，未能反映整个香港地区的植被概貌，缺乏群落学的分析和利用，也未能对区系起源提出意见。国际上其他区域的植被著作，在分析理论上也做的不多。《香港植被》在区域植被中是较新颖和较高水平的，尤其是在区系成分分析方面具有独到的见解。此书出版后，被香港中文大学生物学专业用作教材和野外实习指导教材，并请作者之一胡玉佳为学生讲授。1991年10月，《香港植被》获广东省高等教育局颁发的科技进步奖三等奖。

从1935年跨入中山大学校门，张宏达和植物学的教育和科研结下一生情缘，在这份事业上，他付出了70多年的岁月，付出了全部的心血。

2004 年 2 月 28 日，由中山大学、广东省科协主办，广东生态学会、广东省植物学会协办，举行"张宏达教授 90 大寿暨从教 65 周年"庆祝活动，中山大学党委李延保书记、黄达人校长，广东省科协副主席汤世华，中山大学原校长黄焕秋、曾汉民，原副校长朱朝新、魏聪桂，中国科学院院士孙儒泳、计亮年，中国工程院院士林浩然和来自海内外的 400 多名嘉宾代表云集中山大学，张宏达分布在海内外的学生纷纷赶回母校，向恩师献上敬意和祝福。中国植物学会、中国植物学会古植物分会等发来贺电、贺信表示祝贺。

在庆祝大会上，"张宏达科学研究基金"宣布成立。该基金除由张宏达本人捐资设立外，得到了著名企业家范伟、王德友，广东省科协、深圳福田红树林保护区、广东生态学会等单位和张宏达众多弟子的大力支持和捐助。张宏达科学研究基金成立后，主要用于资助植物学科的硕士、博士和青年学者的科研项目，张宏达科学研究基金优秀学术论文奖每年评选一次。专著《种子植物系统学》在会上举行了首发仪式，《张宏达 90 寿辰出版新作》的消息被新华网、《羊城晚报》等多家媒体报道。同时，张宏达将多年来苦心收集到的大量珍贵图书、论著手稿等珍贵文献全部捐赠给中山大学生命科学学院，成立"张宏达教授藏书室"，院士计亮年、孙儒泳为藏书室揭牌。

2002年12月，张宏达上交《干部退休审批表》，经中山大学人事处批准，张宏达走下教坛。退休后的他，还在继续工作，常常回到办公室写文章，或者出席学术活动和一些会议。2006年左右，他对王伯荪说："不搞了，我年纪大了，什么都不搞了。"从那以后，他很少回办公室了。

至于张宏达停下工作的原因，张宏达曾经对吴七根说："为了完成一篇文章，我昏倒过9次。"这是因为张宏达的头部有个囊肿，压迫到血管。这个囊肿早就存在了，20世纪60年代他带学生到海南实习就昏倒过一次，之后也发作过。张志权说，有一次他昏倒了，送到老干部疗养院，张志权和亲友们问他，要不要动手术把它切除？张宏达说："对疾病不要紧张，这个囊肿我很早就知道了，它跟我几十年都不动我，我为什么要动它呢？"这份面对生死的坦然，让他多年来与这个囊肿和平共处。除此之外，张宏达的一生都保持着健康的体魄，这得益于他对运动的热爱，得益于他多年的野外生涯，更得益于他温和的性格和宽阔的胸怀。2008年的植树节，94岁的张宏达还与中山大学党委书记郑德涛一起，亲手在中山大学测试大楼前种下了两棵美丽的槭叶桐。

退休之后的张宏达，和很多广州的老人一样，每天早晨去喝早茶，散散步，忙碌了一生，终于慢下脚步。

我们见到的张宏达，很健康、很精神，声音依然像在讲台上那样洪亮。但是记忆力已经不太好了，和很多老人一样，最近发生的事情，转瞬就忘了，但多年前的事情，却记得很清楚。于是他最爱聊的话题是，小时候在家乡和哥哥下河抓鱼、在坪石打老虎这些往事。抗战中，他几经周折到澂江，回到中山大学的那一天是 1939 年黄花岗革命烈士纪念日的前一天，他还清楚地记得。他会反复地说："做学问我是不行，运动我是天才，我是天生的运动员。"他最后心中只有这些快乐的回忆，因为他的一生，比很多人都圆满。

从种子到大树

张宏达从揭西闭塞的山村走出来，最终成为举世知名的植物学家，之所以实现如此成就，可归纳为6个因素。

第一，执着的信念。信念是成才最原始的动力，缺乏信念的支撑，往往会在困难面前半途而废，也会迷失努力的方向。对张宏达本人来说，他和一些出身名门、有良好家世背景的老科学家不同，没有家庭的支持，求学历经坎坷。由于是继室所出，在家多受歧视，为了给母亲争气，希望通过读书出人头地，这种信念虽然幼稚，却是支撑他坚持学业的重要原因，因此，高中时代，他能在家人的阻挠下，用放弃对父亲遗产的继承权来换取读书的机会；大学时代，日军践踏国土，他能奔波数千里完成学业。

如果说，最开始坚持学业，是为了改变自己的人生，不免也包含对名利的追求，但在进入大学之后，对植物学的热爱，则成为支持张宏达从事科学研究更坚定的信念。在他真正从事科研工作后，这份工作实际上已不足以为他带来名利。抗战中，在日军铁蹄下，连生命安全都得不到保障；中华人民共和国成立前广州局势动荡，金融秩序混乱，教师的收入朝不保夕；中华人民共和国成立初期，知识分子一度成为被歧视的群体；即使在改革开放以后的一段时间内，知识分子的生活还是很清贫的。晚年，因为夫人任善勷患病，一次入院就几乎花光了他一生的积蓄。在张宏达的一生中，不管是在生命遭受威胁、经济极端贫困或政治上承受巨大压力的情况下，他从来没有中断科学研究工作，这是因为他对科学工作有着执着的信念。在特殊时期，他要对自己"成名成家的资产阶级腐朽思想"进行批判，其实这种思想就是"一定要在科学研究上有所建树"的坚定信念，因此，他一边自我批判，一边仍然坚持研究工作。张宏达说："好多老师是偷偷地搞，不敢公开搞，文章出来了拿到外面去发表。压力很大，反对搞科研，好像科研就是为名为利，人家不欣赏。不过我是不管，因为我一路就是这样搞……压不了我，我也不怕你压。"

这种信念，还反映在张宏达对自己观点和学说的信心和坚持。华夏植物区系学说成稿后很长一段时间，论文没有办法发表。1979年，《植物分类学报》曾同意发表论文《华夏植物区系的起源与发展》，但编辑部认为，被子植物起源于侏罗纪的提法不适合，要求改为白垩纪，后续的很多论文也屡遭国际会议和各大刊物的退稿。这个时候，张宏达没有退让和妥协，选择将一系列论文改在《中山大学学报》刊出。学说发表之后，遭到学术界的质疑，他不放过任何机会，宣传自己的学说，据他的学生叶创兴回忆，每次参加学术活动，他都会谈华夏植物区系学说，导致在各种学术会议上，别人一看到他的身影，就会窃窃私语，说"华夏又来了"。现在，华夏植物区系学说虽然还谈不上已被学术界广泛接受，但新的化石发现和一系列后续研究在一定程度上证明了张宏达学说的前瞻性和正确性。华夏植物区系学说与种子植物系统起源的其他权威学说一起，被写进了一些新编植物学教材中，留待后来者去验证和探讨。

第二，理想的高度。理想的高度决定人生的高度，在学术研究日渐功利化的今天，一些科学工作者将科学研究看成一种职业，看成追求名利的工具，而事实上，科学和功利是不兼容的。科学的诞生，始自人类对真理的追求。从某种角度讲，一位优秀的科学家，必然是一位理想主义者。在国外，有像布鲁诺、伽利略这样为科学献身的科学家，有像居里夫人这样不求名誉和财富，在实验室里过着艰辛生活的科学家。而在中国，以张宏达这一代科学家为代表，他们的理想，除了追求科学真理，更多的是对国家富强和民族尊严的深切渴望和不懈追求。从1840年鸦片战争开始，中国百年积弱，备受列强凌辱，每个真正的中国人，都渴望中华的复兴。因此，在科研工作中，这些老科学家们，考虑的不是个人的兴趣和利益，而是国家的需要，同时，也正是因为他们的研究成果满足了国家发展的需要，才促成了他们自身的成功。

张宏达自己曾说，在抗战赴云南返校的艰难旅途中，看到山河破碎，人民流离，他从此开始萌发科学救国的憧憬。从他的科研工作中我们可以看到，他对中国的植物由外国人研究感到非常耻辱，同时也不甘植物学界被外国人创立的权威学说所统治。正是这个原因，使他不迷信外国权威学者的理论。他强调，在科学研究上不能存在"贾桂思想"，不能认为只有外国人才有能力、有权力提出新理论，要树立民族自信、自尊和自强的信念。他坚信，外国人对中国植物的研究只停留在案头的标本研究工作上，没有野外的基础，必然要比中国人做得粗疏；他也坚信，外国人所提出的植物区系起源和系统发育的学说，是在对中国植物区系没有充分认识的情况下提出来的，是存在巨大缺陷的。正因为这样，他能顶着巨大的压力，提出华夏植物区系学说。也正因为这样，他能和数百位植物学家一起，甘于坐冷板凳，为中国植物编出一份完整的"户口册"。

1974 年，在西沙之战之际，张宏达将 1947 年西沙考察的资料重新进行整理，写成《西沙群岛的植被》一文，开篇即说："在浩瀚的南海中，散布着许多由珊瑚礁构成的岛屿、礁滩，按其分布情况，大体上分为东沙群岛、西沙群岛、中沙群岛和南沙群岛，统称为南海诸岛。这些岛群自古以来就是我国的领土。"爱国之情溢于纸上。他分析西沙群岛植被的形成原因，认为"岛上的植物都是附近大陆及海岛的成分，主要是通过渔民的活动、海鸟的传播、海流及风力的流动带进来的。其中以人类的活动特别是渔民的活动传播进来的最多，占现有植物区系成分的60%~70%，这是我国劳动人民尤其是海南岛及广东沿海渔民2000多年来在这些海岛上从事渔业生产的同时引种进来的。"在自然科学的角度为证实西沙群岛是中国领土提供了有力的证据，反映了科学家的爱国情怀。同样，他出于民族自尊，通过大量的标本、文献研究和长时间的野外考察工作，最终以大量证据证明阿萨姆茶为中国原生茶种，并在《中国植物志》中将其正式定名为普洱茶。

第三，名师的指导。国立中山大学名师云集，以生物系为例，费鸿年、郜重魁、陈焕镛、董爽秋、辛树帜、张作人、罗宗洛、任国荣等著名的植物和动物学家曾在这里任教，他们多有欧美留学经历，将世界一流的植物学理念和良好的学术传统带到中山大学，使中山大学的教学水平能与国外看齐，这里也有学科因素。西方近代自然科学是在文艺复兴时期伴随着资本主义的兴起而产生的，而中国在 20 世纪初期才开始科学的启蒙，比国外落后几百年，所以一直处于艰难的追赶之中。然而，植物学具有它的特殊性，近代植物学研究基本上主要采用形态分析和现象观察的手段，这一特点，有利于中国植物学研究实现跨越式发展，因此在 20 世纪 30 年代，当留学的植物学家相继回国，用在国外学到的先进理论来进行中国植物的研究后，中国植物学研究，尤其是植物分类学研究快速达到世界先进水平。也正因如此，张宏达成为他这一代科学家中为数不多的没有出国留学经历却能在科学研究中有所建树的学者。

对张宏达的科研经历有直接影响的老师有任国荣、孙云铸、何杰、乐森璕、董爽秋、陈焕镛等人。张宏达在报考大学时，选择生物学专业，一定程度上是出于对任国荣学者风范的艳羡。入学后，在任国荣的影响下，张宏达培养起对野外考察工作的重视，并且一生受益。张宏达认为，他的成功得益于三门学问：植物学、化学和地学，尤其是在地质学上的修养，对他提出华夏植物学说有着决定性的影响。在国立中山大学时期，他有机会得到何杰、孙云铸、乐森璕等在国际上都有一定影响力的地质学家和古生物学家的直接教导，使他在地质学、地史学、古生物学方面打下了坚实的基础。董爽秋在教学中将恩格勒主编的《植物学纲要》、哈巴兰特著的《生理解剖学》等经典著作翻译成中文作为教材，使国立中山大学的植物学教学能和柏林大学看齐，而他本人对金缕梅科的研究，更对张宏达日后进行金缕梅科的研究有着直接的影响。而让张宏达最感念于心的是陈焕镛，在张宏达的起步阶段，帮助他指明研究的方向，培养正确的科研方法和科研态度，并创造了良好的工作条件。

可能每一位科学家在成长的经历中，都会深受一位或几位名师的影响，而在张宏达身上，这种影响格外深远，以至于直至晚年，提起在国立中山大学的求学经历，他还会兴奋地说："我没有走错路，进了中山大学，我们的老师都是从欧洲回来的，留德的、留法的，都是拿国外的课程教我们，要求比较高。"也因为这样，在他记忆力已经不太好的时候，当提起陈焕镛对他的指导和帮助时，他还会动情落泪。老师对他的帮助，他刻骨难忘，因此，在繁忙的科研工作之余，他亲笔写下了《怀念董爽秋老师》《怀念陈焕镛老师》等多篇情真意切的纪念文章。

第四，良好的学术氛围。中山大学从建校之初，秉承孙中山手书"博学、审问、慎思、明辨、笃行"校训，形成科学、民主、求实、务新、包容的文化传统。中山大学崇尚科学、尊重人才，尊重教师的创造性活动，尊重学生学习和选择的权利，在这种环境下，张宏达获得了科研创新的土壤。

在张宏达学术的起步阶段，这种良好的科研环境对他有极大助益。刚刚开始工作的时候，遇到了像任国荣、吴印禅等关心青年学者的上司和前辈，鼓励他从事科研工作，指导他的治学门径，给他创造好的条件和机会，对他取得的成绩感到由衷的高兴，使他的研究工作有了更大的空间。1947年，生物学系主任张作人推荐他参加西沙群岛的科学考察，使他形成和发表了第一篇在他个人学术生涯中有重要地位，也是第一篇在学术界产生影响、建立地位的文章。

从生物学系到植物研究所，以及经常来往的地质学系和地质调查所，张宏达所接触到的人，皆为一时之俊彦。在植物研究所，侯宽昭等人对他的研究给予了很多有益的建议，侯宽昭、何椿年对红树林分类学上的研究成果成为他后来进行红树林生态学、区系学研究的基础。与两广地质调查所的陈国达、莫柱荪等人的密切联系，使他有机会参与广东的地质调查工作，对他之后对提出华夏植物区系学说有重要的作用。即使一些同事对他的学术工作没有直接影响，在一个学术氛围浓厚的环境中，与很多志同道合的科学工作者一起工作，实现思想的碰撞和交流，也使他产生科学灵感，感受到研究的乐趣。

随着张宏达在学术上的不断成熟，逐渐建立起了自己的地位，慢慢形成以他为中心的研究团队，对他后期的学术成长意义重大。植物分类学是一个需要坐冷板凳的学问，相对适合独立研究，而植物生态学则更需要科研协作。20世纪50年代对鼎湖山植被、雷州半岛植被的调查，20世纪80年代所做的香港植被的研究，都是依靠规模庞大的团队力量完成的。其中，王伯荪可以称得上是张宏达科研事业中最重要的合作者。张宏达的研究偏重于植物分类学领域，而王伯荪则一直专注植物生态学研究，在张宏达主持的很多植物生态学研究中，王伯荪的作用是绝对不能忽略的。而1987年，正是有了屈良鹄回国到中山大学任教，才启发他产生了将分子生物学手段引入植物分类学研究的想法，从而为中山大学开创了一个尖端的研究领域。另外，所谓教学相长，张宏达的学生既继承了他的学术思想，又专精于各自的研究领域，他们是张宏达学术生涯的延续，他们各自相对独立和深入的研究领域也在启发着张宏达不断产生新的灵感。胡玉佳对热带雨林的研究，叶创兴在研究山茶的过程中对植物资源学产生了兴趣，陈桂珠对红树林和湿地生态的研究，施苏华对种子植物分子发育和进化的研究，等等。在这些领域，他的学生走得比他更远，而他们的工作，也引发了张宏达对这些新领域的关注和了解。

第五，社会环境。简要总结一下张宏达的学术成长经历，不难看出，社会环境对他的影响。在他的求学时期和工作初期经历了一场八年的艰苦战争，他随着中山大学从广州，辗转到云南澂江、粤北、湖南，虽然这个时期也因地制宜做了一些对云南、湖南、粤北植物的考察和研究工作，但没有稳定的环境让他可以进行深入的研究，因此这个时期产生的研究成果，除了毕业论文外，只有与蒋英合作的《湘南植物分布概况》一篇文章。抗战胜利后，民族存亡的危机刚刚解除，科研工作者获得了稍微安定一点的工作环境，国立中山大学就迅速恢复了教学和科研工作，张宏达开始在陈焕镛身边工作，又获得了去西沙群岛考察的机会，这时，他发表了关于金缕梅和西沙群岛植被研究的两篇文章，这两篇文章质量很高，在学术界产生了一定的反响，在张宏达的学术生涯中也有重要地位。接下来，中华人民共和国成立，广州解放，虽然陆续有一些政治运动对张宏达产生了一定的影响，但在陈焕镛、胡先骕等人呼吁编写《中国植物志》，在政府或国家为解决民生问题而先后进行多次植物资源调查的大背景下，张宏达产生了一批重要的研究成果，他完成了金缕梅科、鼠刺属、柃属、紫珠属植物的研究，发表了《华南植物志资料》系列论文，完成了对鼎湖山和雷州半岛的植被调查，也开始了对山茶属植物的系统研究。他学术上真正的收获期是在1976年以后才达到顶峰，《中国植物志》4个分册都是在这个时期出版的，华夏植物区系学说是这个时期提出的，90%以上的论文是在这个时期发表的，《种子植物系统学》更在2004年他已90高龄之际才出版。1976年，张宏达已经是62岁，是一般人的退休年龄，而他刚刚走入学术的黄金时期，这一方面表现出张宏达有着比普通人更长的学术生命；另一方面，毫无疑问的是，战争和动荡环境，迟滞了他的学术工作。改革开放后，政治经济环境好转，科学的春天再次来临，在这样的机遇下，张宏达才能潜心研究工作，发表大量的研究成果。可见，稳定的社会形势、宽松的科研环境、良好的经济条件，对于科学家的工作是至关重要的。

需要强调的是，即使在没有发表成果的时期，张宏达也并没有停止科研工作。华夏植物区系学说在20世纪50年代产生雏形，1975年成稿，如此复杂的学说，理论的不断完善和成熟需要相当长的时间。《山茶属植物的系统研究》一书在1981年出版，而大量的研究工作都是在"文化大革命"期间完成的，当外面的大喇叭每天响着批判口号的时候，张宏达一直在标本室中进行着自己的研究工作。

第六，勤奋地工作。有人说，张宏达是天才的植物学家，也有人说，张宏达的成就主要得益于勤奋。我们认为，分析一位科学家的学术成长特点，不能完全抹杀天赋所起的作用，张宏达曾说："我天性接近植物学。"这可能是天赋的一种表现，也可以用爱因斯坦的一句话解释："兴趣是最好的老师。"张宏达在鉴定植物新种新属时独到的慧眼，在建立一个科属的分类体系时清晰的逻辑，都说明了他的天赋。天赋是学习之前已具备的特性，而勤奋是天赋得以发挥的必要前提。张宏达的学生们说，他从来没有休息日，没有午休，所有的时间都在办公室里做研究。吴七根告诉我们，20世纪60年代他刚工作的时候，就住在生物学系的植物标本室，所以非常清楚张宏达的工作，每天从早到晚，中午也不休息，一直泡在标本室里，并在这个时期发表了大量新种和新属。张宏达坚持了一生的野外考察工作，亲手采集的标本就有4万余号。出外参加学术会议时，在机场和飞机上的时间，他也在写文章。参加会议的空隙时间，他仍坚持采标本。张宏达的学生说，他拿到一个植物标本，马上可以断定或说出是哪个科、哪个属，这种功力是多年辛勤工作的基础上积累起来的。仅在我们收集到的一些文件中，找到张宏达的手稿就有4000多页，很多著作是几易其稿。他以第一作者发表的论文多达150余篇，独立完成或参与写作的著作达27部，还编撰了多部教材。单以写作量来说，已是非常可观，而植物学，尤其是植物分类学和植物生态学的研究，每一个研究成果的取得，都是建立在对大量的标本、文献的研究基础上，建立在长时间的野外调查基础上。发表一个新属和新种的前提，可能要观察几千几万号标本；而对一个植物类群进行系统研究，则要对标本和文献进行更加全面系统的梳理，他后期从事华夏植物区系学和种子植物系统学的研究，更是建立在对全部现生种子植物乃至古植物类群的充分认识上。这样庞大的工作量，需要付出的勤奋和努力是可以想象的。

　　每个人的人生之路都是特定的，但或许有些成功模式是可以复制的。我们希望，张宏达的经历对有志于从事科学事业的读者有一点借鉴意义，也希望读者通过不同的解读，去形成自己对成才之路的认识。